鼓浪嶼鳥瞰

鼓浪嶼文化遺產叢書

The 100 Years of Shuzhuang Garden

李　敏　等著

中国建筑工业出版社
2013年12月　北京

圖書在版編目(CIP)數據

菽莊花園一百年/李敏等著. -北京：中國建築工業出版社，2013.12
(廈門鼓浪嶼文化遺産叢書)
ISBN 978-7-112-16135-5
Ⅰ.①菽… Ⅱ.①李… Ⅲ.①私家園林－介紹－廈門市 Ⅳ.①K928.73

中國版本圖書館CIP數據核字(2013)第273987號

著作顧問：曹　放　葉細緻　梁怡新　朱潤虹
主要作者：李　敏　張文英　何　瑩
彩圖攝影：李　敏　何　瑩　賴丹寧
文獻研究：李　敏　張文英　何　瑩　趙　爽　袁　霖
現場調研：李　敏　何　瑩　趙　爽　何志榕　賴丹寧
項目協調：陳毅文　章維新　林旭虹
叢書策劃：廈門鼓浪嶼－萬石山風景名勝區管理委員會
　　　　　北京方舟正佳文化傳播有限公司
　　　　　中國建築工業出版社
版式設計：方舟正佳　賴丹寧
責任編輯：張振光　杜一鳴
圖文校對：何　瑩
封面題字：曹　放

菽莊花園一百年

李　敏 等著

*

中國建築工業出版社出版、发行（北京西郊百万庄）
各地新华书店、建筑书店经销
北京方舟正佳图文设计有限公司制版
北京雷杰印刷有限公司印刷

*

开本：787×1092毫米　1/12　印张：18　字数：450千字
2013年12月第一版　　2013年12月第一次印刷
定价：230.00 元
ISBN 978-7-112-16135-5
　　　(24933)

版权所有　翻印必究
如有印装质量问题，可寄本社退换
（邮政编码 100037）

海上花園鼓浪嶼

目錄

序

第一章
菽莊花園的營造歷史 /1

- 1.1 菽莊園主林氏家族 /2
  - 1.1.1 林氏家族之源流 /3
  - 1.1.2 林家的社會影響 /6
  - 1.1.3 林家的歷史評價 /10
- 1.2 菽莊花園前世今生 /12
- 1.3 台北板橋林家花園 /18
  - 1.3.1 林家花園興建背景 /20
  - 1.3.2 林家花園營造概況 /20

第二章
菽莊花園的研究現狀 /29

- 2.1 國內外專業研究成果 /30
  - 2.1.1 研究方法 /30
  - 2.1.2 主要研究成果 /33
- 2.2 菽莊花園國際知名度 /36
  - 2.2.1 研究方法 /36
  - 2.2.2 研究結果 /38
  - 2.2.3 百度新聞檢索 /40

海上花园鼓浪屿

目錄

序

第一章
菽莊花園的營造歷史 /1

- 1.1 菽莊園主林氏家族 /2
  - 1.1.1 林氏家族之源流 /3
  - 1.1.2 林家的社會影響 /6
  - 1.1.3 林家的歷史評價 /10
- 1.2 菽莊花園前世今生 /12
- 1.3 台北板橋林家花園 /18
  - 1.3.1 林家花園興建背景 /20
  - 1.3.2 林家花園營造概況 /20

第二章
菽莊花園的研究現狀 /29

- 2.1 國內外專業研究成果 /30
  - 2.1.1 研究方法 /30
  - 2.1.2 主要研究成果 /33
- 2.2 菽莊花園國際知名度 /36
  - 2.2.1 研究方法 /36
  - 2.2.2 研究結果 /38
  - 2.2.3 百度新聞檢索 /40

第三章
菽莊花園的造園藝術 /49

- 3.1 菽莊花園勝景探析 /50
  - 3.1.1 詩書筆墨繪園景 /50
  - 3.1.2 菽莊花園早期勝景 /54
- 3.2 菽莊花園今十二景 /58
  - 3.2.1 長橋藏海 /60
  - 3.2.2 枕流漱石 /66
  - 3.2.3 千波渡月 /72
  - 3.2.4 海闊天空 /78
  - 3.2.5 真率清漪 /84
  - 3.2.6 印心聽濤 /90
  - 3.2.7 石屏招涼 /96
  - 3.2.8 板橋蓮影 /102
  - 3.2.9 十二洞天 /108
  - 3.2.10 壬秋詩閣 /118
  - 3.2.11 眉壽古趣 /126
  - 3.2.12 頑石山房 /132
- 3.3 菽莊花園藝術特色 /138
  - 3.3.1 藏海補山，巧於借景 /140
  - 3.3.2 立意高遠，家國兼濟 /144
  - 3.3.3 私園佈局，公園空間 /148
  - 3.3.4 中西合璧，動靜互映 /152

第四章
菽莊花園的遺產價值 /155

- 4.1 菽莊花園的文化意義 /156
  - 4.1.1 造園背景的複合性 /156
  - 4.1.2 園景內容的公共性 /158
  - 4.1.3 藝術形式的獨特性 /162
- 4.2 菽莊花園的遺產價值 /172
  - 4.2.1 真實性：中國近代仕商園林的活體標本 /174
  - 4.2.2 唯一性：一主雙園隔海輝映的孤本範例 /176
  - 4.2.3 典型性：藏海補山借景構園的藝術奇跡 /192

後記 /202

序

與廈門本島隔水聞音的鼓浪嶼，在近現代形成了中西方文化交融薈萃的微型城市，成為世界文化史上一顆璀璨奪目的明珠。在這座僅兩平方公里的彈丸小島上，一千餘幢別墅（尤其是十餘座外國領館）的叢立，一度領先時代的市政設施和生活方式，一套完整的社會結構與運行規則，這些西方文明表徵已為人熟知。但極易被忽視的一點卻是：當中西方文化在此萍水相逢之後，是誰完成了這兩脈本無淵源的文化種系的嫁接、轉化與融合，乃至最終形成了鼓浪嶼文化基因中舉世無雙的本質與內核？

建築無言，卻是文化變遷的鐵證。尋蹤鼓浪嶼上的亭臺樓閣、窗欞廊柱，我們看到，是當時定居廈門的閩南僑商主導了這一文化融合進程。在鼓浪嶼的"萬國建築博物館"中，黃奕住、黃仲訓、李清泉、楊忠權等華商精英的建築，可謂奠定了這座小島文化的性格和基調。而林爾嘉先生營造的菽莊花園，更是其中的典範。

中國古典園林大致可分為北方園林、江南園林、嶺南園林三系。按使用功能劃分，則有皇家園林、私家園林、公共園林之別。菽莊花園是中國近代公共園林的先導，而且幾乎是其中僅存完好的代表作。雖然園地面積僅兩萬多平方米，但菽莊花園運用"藏海補山"的高超借景造園藝術，淋漓盡致地體現了閩台文化中開放包容、以小博大、優雅精緻的精神特質以及融合再創造的能力。林爾嘉和菽莊吟社；胡友義和鋼琴博物館；馬未都及觀複博物館……百年來的俊采星馳，也為菽莊花園增添了風流雅韻。

李敏教授是國務院新聞辦公室監製的國禮圖書《園林古韻》的作者，清華大學工學博士。他曾先後師承汪菊淵院士、孟兆禎院士、吳良鏞院士等大師做研究生，是中國風景園林學界新一代的學科帶頭人之一。自 2007 年春天在首都機場書店購讀他的著作結緣之後，他的才華學識就在我腦海中留下深刻美好的印象。為梳理鼓浪嶼崇高的文化遺產價值，近年來，我委著力推進鼓浪嶼文化遺產叢書的編寫出版工作。今年恰逢菽莊花園建園100周年，出版一部有關菽莊花園的權威性園林學專著，為叢書再添力作時機在即。而造詣深厚、出身福建、熟知廈門的李敏教授，自然成為我們邀請開展專題研究和編著書稿的不二人選。

今年春天，我們有幸邀請到李敏教授及其團隊對菽莊花園開展專題研究，在此後的八個月中，李敏教授多次來到鼓浪嶼實地考察、潛心調研、蒐集史料、拍攝圖片，進而追本溯源，專程前往台灣考察板橋林家花園。經過數月的構思筆耕，最終圓滿完成了本書的編寫工作。在書中，李敏教授不僅對菽莊花園的營造歷史作了全面的回顧梳理，並在此基礎上精煉總結了菽莊花園的文化遺產價值，可謂填補了中國近代園林史中有關菽莊花園文化遺產研究的空白。這對於加強菽莊花園及鼓浪嶼的國際宣傳，促進台海兩岸的文化交流，具有深遠意義。衷心感謝李敏教授和為本書編寫與出版付出努力和貢獻的各位同仁！

百年時光，於人、於事、於物，都是值得回望、總結、梳理的標誌性時間節點。李敏教授擔綱編寫的這部著作，對於正在申報世界文化遺產進程中的鼓浪嶼和納入了鋼琴博物館和觀復博物館等新景觀的菽莊花園而言，更意味著未來規劃和願景的嶄新開始，理應獲得我們更多美好的期許。

人生百年如寄，名園千秋尤屹。

謹志感言，是以為序。

（廈門鼓浪嶼——萬石山風景名勝區管理委員會主任）

二〇一三年十一月十五日

從港仔後海灘看菽莊花園

第一章 菽莊花園的營造歷史

1.1 菽莊園主林氏家族

菽莊花園，這個位於廈門鼓浪嶼的海上花園，2013年迎來了它的百歲生日。它環抱大海、背倚青山，歷經百年滄桑的洗禮，更顯其灼灼風華。菽莊花園，在海風激蕩的縹緲光影中千波渡月、枕流漱石，看風起潮落，唱歲月長歌。

今天人們走進這座花園，都很想探尋它頗為傳奇的前世今生。在中國近代園林營造史上，一主雙園、隔海相映的造園範例僅此一個。在台灣海峽對岸，與菽莊花園一脈相承的姐妹園是台北板橋林家花園。作為清朝中葉以後台灣最富有的林氏家族，曾經是一個時代發展的見證和參與者。

那麼，林家到底有什麼樣的發展背景和家族特性？它對社會的影響如何？要瞭解這些，就需要飛越海峽，穿越時空，尋找林家花園主人的蹤跡。

20世紀20年代的菽莊花園

1.1.1 林氏家族之源流

台灣的林氏家族，祖籍在福建漳州府龍溪縣二十九都白石堡莆山社(今龍海市角美鎮埔尾村)。乾隆四十一年(1776年)，莆山社林姓十四世孫林應寅為了生計，遷居台灣淡水直堡新莊，成為林家入台的第一代。

林家入台第二代是在1780年，林應寅子林平侯尋找父親。林平侯憑藉自己的經商天賦與聰明努力，從"打工仔"做到米商，經營業務擴大到鹽業、航運業、樟腦業，並購買田產。他在完成財富積累後，按照清廷捐納政策於1803年捐得官品，最高官銜至三品的"道"，最後從大陸任官告老還鄉回台。林平侯仕途10年，頗有政績，同時也以官紳身份保護了自己在台灣的家產。林平侯在財富、社會地位等方面，為林家打下了堅實的基礎。

林家入台第三代是林平侯的五子：國棟、國仁、國華、國英、國芳，他們分別立字號爲：飲、水、本、思、源。其中，以國華"本紀"和國芳"源記"，對家族發展影響最大，故合稱為後人所熟知的"林本源"。咸豐三年(1853年)台北的漳泉械鬥，迫使漳人領袖的林家由大嵙崁遷至板橋，開啟林家的板橋時代。已有財富積累的林家，開始注重書畫人文修養，國華、國芳兩兄弟獎掖文士，結交呂西村、謝琯樵(穎蘇)、葉化成(東符)、許筠等名畫家，出資搜集碑板，出版《愛吾廬題跋》、《愛吾廬書刻》。此舉不僅使林家子孫得到更多中國傳統文化教育和燻陶，也使當時台北地區增添不少人文的氣息。

板橋林家府邸三落大厝

林家入台第四代是國華的三子：維讓、維源、維德。1862年，維源24歲與維讓由廈門回台。16年後維讓病逝，林家主要由維源主持。從劉銘傳任台灣巡撫到中日甲午戰爭後遷回廈門這十年間，林維源對台灣撫墾事業、殖產興業、經營錢莊等方面留下許多業績，使家族財富和影響力也得到了空前的累積和發展，板橋林家至此已成為全台灣最富有、最具影響力的家族之一。台灣進士施士潔在《侍郎銜太僕寺卿林公壙志》中稱林維源這10年間所作貢獻為："設育嬰、葺廢壙、平陂路、創養濟院以恤窮黎，修淡水誌以存文獻，闢大觀社以惠士林：大甲溪歲溺，與諸當道造浮橋，民獲安渡。督辦台灣撫墾事，凡築鐵道、開煤礦、建行省、築郡垣之役，無不參與。"這些評價著實中肯。由此林維源又被後人稱為"台灣現代化的幕後推手"。中日甲午戰爭後，不願當亡國奴的林維源率部分族人內遷廈門。於是，在日本統治台灣時

台灣板橋林家內渡廈門后合影

期,自林維源開始,林家分別住在中國大陸和台灣兩地。林維源熱心公益事業,積極建設、服務地方,其特有的"政商兩棲、義利合一"家風使板橋林家聞名於海峽兩岸和南洋各地。1905年,林維源逝于廈門,林家一個新的時代來臨。

林家的第五代大致上由三房林鶴壽、二房林爾嘉、大房林熊祥主事,他們分別住在上海、廈門、福州。因各立枝頭的願望強烈,又有日本人從中挑撥,林維源過世後林家就開始分家。林家雖打破了"富不過三代"的劫運,卻避不開分家的結局。從分家可以看出林家到了第五代時的人員和資產分佈情況。分家時,各房分得的佃租有25萬石。其中大房得10/25(熊徵6萬石、熊祥3萬石、熊光1萬石)、二房得12/25(爾嘉6萬石、祖壽2萬石、柏壽2萬石、松壽2萬石)、三房得3/25(彭壽、鶴壽、嵩壽各1萬石)。

林爾嘉因其在林家的特殊地位,是林維源第二房最重要的領導人,也是林家重要的繼承人。1905年林維源過世後，他繼續籌辦廈門保商局信用銀行及其職務，又任廈門商務總會總理。後來，有人出面向清廷舉薦林爾嘉可用，遂赴京晉見，賞予五品京堂，其仕途經歷為"充任福建全省礦務議員、度支部幣制議員、農工商部頭等顧問官，洊擢侍郎。"民國成立後，他絕意仕途，但仍被推為福建諮議局議員，繼又獲選為參議院議員，皆辭謝不就，唯擔任鼓浪嶼工部局董事與福建暨南局（中國歷史上最早的僑務行政機關）顧問，並資助保守派政黨。該党首領黎元洪當選總統後，聘林爾嘉為總統府顧問。他除了在中國活動外，也須與日本政府接觸周旋。林爾嘉愛詩、擅詩，組織菽莊吟社，修建菽莊花園，定期開詩會，並廣為徵詩，每次應徵者有千餘名。他還喜歡就一些重要活動出版祝賀詩集，如《菽莊主人銀婚悵詞》、《菽莊先生雲環夫人結婚三十年悵詞》、《菽莊主人四十壽言》等。

林爾嘉平日生活安逸，1949年再度回台定居後，只能就祖產生活，并組建"小壺天吟社"，繼續吟詩度日以抒其鬱悶，未在商界、政壇佔有一席之地。1956年，他在台北過世，總體而言一輩子生活闊綽，悠遊過日。①

注：
① 本章關於林氏家族歷史的內容主要依據台灣學者研究文獻：許雪姬，《樓臺重起——林本源家族與庭院歷史》（上）

林爾嘉在菽莊花園與詩友賞菊合影

林維源

林爾嘉

1.1.2 林家的社會影響

一百多年來，林家參與了中國近代閩台社會政治、經濟、文化各個方面的活動，對閩南和台灣地區有深遠影響。尤其在林維源時期，林家輔助劉銘傳把眾多新興事業集中於一省，推進了台灣的現代化進程，使台灣成為當時中國的先進省份之一。林家的主要業績有如：

1）**工業**：1887年，劉銘傳以林維源為總辦，疏浚基隆港，測量沿海港道，填平海岸。林維讓參與《淡水廳志》的修纂，與其弟維源分任主訪，並出資修石碇堡的長坑溪橋、南港仔橋。

林爾嘉在大陸投資泉州電氣公司、龍溪墾牧公司、广福實業公司、製糖會社、泉州汽車公司、湖南樟腦廠等企業。創辦廈門德律風公司（電話公司），投資漳廈鐵路，自組廈門自來水公司。

林鶴壽在20歲就當上林本源製糖會社社長；經營鶴木產業株式會社，任董事長代表，是他與邱木合資的企業。

2）**農業**：林鶴壽弟嵩壽發展養蠶業，植桑十餘萬株，1919年後專意於自己的會社嵩記殖產株式會社，據說一年貿易額高達三千餘萬元。此外，林爾嘉還在1911年購買漳州白礁鄉山地400多畝，引進先進農業技術，設廣福農業公司。

3）**金融與商業**：林維源與同為台灣巨富的李春生合作，創建建昌街和千秋街，大建洋樓出租與洋行、洋商經營土產貿易。這兩條街的興建，成為林氏家族的農業資產向都市房產業轉移的開端，對後來林家工商企業有很大幫助，也使林家更加富裕。

林鶴壽經營錢莊業，如建祥號、益昌號、裕記謙棧錢莊、金長厚。投資新高銀行，任董事。台灣電氣工業株式會社，持股買台灣銀行的股票，並在該行的新鈔上簽名，以增加民間對紙幣的信心。

林爾嘉1922年設有"訓眉記"（訓是長兄訓壽，早逝），資本金500萬，經營土地家屋、商品、有價證券買賣租借等，另有土木建築包工、信託業。他繼

板橋林家的西式婚禮

林爾嘉舉辦詩社活動與文人合影

承其父的錢莊業（即信用銀行），為廈門21家錢莊中資本額最高者（三房鶴壽的"建祥"排名第三）。此外，有合資的恒吉號，匯兌區為上海和香港，并投資中華銀行。

4）教育和醫學：興辦大觀義學，創辦林本源博愛醫院。

5）文化：林爾嘉酷嗜圍棋，從日本請來一流棋手對弈，以所輸之款為酬金；他愛好詩歌，組菽莊吟社定期開詩會，並徵詩及出版詩集。其長子林景仁出資辦理《全閩新日報》。

林鶴壽愛文學、喜吟哦，乃重金禮聘德富蘇峰來台。

林鶴壽弟嵩壽桃仔舍愛好手錶，成為台灣人經營規模最大的鐘錶店"金生儀"的大客戶；他喜好戲劇，常常贊助來台戲班。

6）建築：1824年林家建築大嵙崁城堡，此座邸宅，據曾看過的日本人記載，認為其美侖美奐，猶勝板橋林宅。該城堡日治初期曾充日軍守備隊營所，後來毀於兵燹，今已無存。

林維源：在台北板橋建立了結合建築与園林的園林府邸林家花園，美輪美奐。林家內渡廈門鼓浪嶼后從西人手中購得林氏府，是一座精美的西式建築。

林爾嘉：在林氏府旁新建起居用地八角樓，并在鼓浪嶼西南隅另外購地修建花園，即依山傍海的菽莊花園。

林鶴壽：在上海英租界（今烏魯木齊路一帶）興建八層樓的高級公寓——瑞華公寓，有200間房；在廈門鼓浪嶼建八卦樓（今風琴博物館）。

7）法律：因1929年11月10日法籍廈門稅務司帶人毀損仿板橋林家花園而建的菽莊花園內石橋，林爾嘉憤而起訴，重金禮聘英國律師勝訴。

8）政治：林維源兄弟一反遷台漳州人不結交泉州人的傳統做法，將妹妹嫁給了泉州舉人莊正，讓莊主持林家所興辦的大觀義學。林維源在撫番墾殖、防務建設、興辦實事等方面進行組織協調，以年得墾租作為番社的口糧，土著無不稱謝。

鼓浪嶼鹿礁路"林氏府"八角樓

林爾嘉：為菽莊石橋被毀及私權橫受侵害事謹告同胞書

鼓浪嶼林氏府邸建築與內庭花園

1.1.3 林家的歷史評價

林氏白手起家,經過幾代財富累積,逐漸發展成為台灣第一大家族。從經濟、政治影響上看,他們與傳統的文人從政到從商不同,其發家軌跡是先從商後買官從政,在穩固家業後再有家族文教的提高,完成了從商人到仕商的轉變。在文化上,林家禮賢下士,重視中國傳統文化教育;隨著國門被迫打開,西方列強入侵,劉銘傳學習西方先進技術"實業興國"的理想和林家"振家興業"的抱負不謀而合,林家也受到了西方現代化的影響。

林氏家族作為一個特殊的階層,對於農民和土著,他們代表官府,甚至代表國家;對於官府,他們既代表地主和商人,又代表農民和土著。地方社會秩序主要靠他們來維持,大多數的社會活動是由他們組織和領導的。但互動的結果卻有機會讓鄉紳轉變為官僚體制內的國家公職人員,成為台灣建設過程中舉足輕重的"政商"。②

經歷過從商、從政、從文的特殊背景,讓林家有了更為複雜的家族處事哲學。商人的價值取向是審時度勢,現實地追求利益最大化,並在必要時回饋社會。這體現在林維源在甲午戰爭後避走廈門,林爾嘉抗戰爆發後避居上海。林家面對外強入侵、社會動盪,採取現實的躲避態度,全身而退,韜光養晦。商人的生活背景,讓林家在審美態度上有頤享市井之樂的偏向;而官員的價值取向,是實現自己的政治抱負和興國為民;這些林家都做到了。從他們數次捐贈財產,承擔各種社會責任的行為可以看出:官員的政治背景讓林家在審美觀上有了更高的落腳點,有了憂國憂民的考慮和胸有山水的大氣;此外,文人的價值取向有儒家的修身和道家的出世,也對林家有深刻影響。林家歷來獎掖文人、精通詩書,整體的家庭教育是中國的傳統文化。這讓林家造園體現出文人園林的特色。市井之樂、胸有山水、文人園林三方面的特點,在林家的兩個花園裡均有折射。

注:
② 鄭鏞,論台灣建省前后國家與社會的互動——以板橋林家、霧峰林家爲研究對象,紀念抗日戰爭勝利60周年暨台灣建省120周年學術研討會,2005年在中國福建廈門,第15頁。

20世紀20年代,林爾嘉在林氏府接見外國友人

菽莊花園內林
爾嘉銅像

1.2 菽莊花園前世今生

菽莊花園內賞菊合影留念，後面石刻上書林爾嘉所記菽莊花園落成時間：1913年9月（癸醜重陽）

林家女眷在菽莊花園賞菊雅集

菽莊園主林爾嘉是林家產業最重要的繼承人和領導人，一生都想在興辦實業與參與政治之間尋找兼容發展的機會。《菽莊主人四十壽言》中寫道："不以實業為政治之資，則政治幾何能淑；不以政治為實業之盾，則實業幾何能興"。在當時社會急劇動盪的年代，林爾嘉試圖在入世和出世之間找到生活的平衡點。於是，他在幾近不惑之年，決定打造一座花園以實現自己的夢想。同時，他號召文友，組織菽莊吟社，懷念林家花園的歲月。

光緒三十三年（1907年）暮春，林爾嘉在鼓浪嶼創立"浪嶼詩壇"，與其後他在菽莊花園創立的"菽莊吟社"有密切的關聯。

壬子重九日（1912年10月18日），林爾嘉又招邀"同裡諸詩人"在其林氏府宴集。這次宴集的主題雖然是為了林爾嘉"挈其長君小眉就姻於日裡"餞行，但在隨後一年裡，菽莊花園與菽莊吟社的籌創工作緊鑼密鼓地展開。可巧的是，一年後的癸醜重陽（1913年10月8日），菽莊花園與菽莊吟社雙雙落成。可見，在"壬子重九日"這次宴集活動中，林爾嘉已經對菽莊花園和菽莊吟社的創建工作作了詳細佈署，其"年年作主大吟壇"的意圖已然顯露。

癸醜重陽日，菽莊花園落成，菽莊吟社同時創立。菽莊花園佔地約兩萬平方米，以"藏"、"借"、"巧"手法，表現"菽莊藏海"主題。依海建園，海藏園中，傍山為洞，壘石補山。全園分"藏海"、"補山"兩大部分，初時各有五景，互為襯托。園成當日，林爾嘉舉行了隆重的慶典活動，並"欣然為文記之"。他所作"菽莊園記"，以隸書直題鎸刻于菽莊花園的山岩上："餘家台北故居，曰板橋別墅，繞有亭台池館之勝，少時讀書其中，見數目陰翳，聽時鳥變聲則忻肽樂之，乙未內渡，僑居鼓浪嶼，東望故園，輒縈夢寐。癸醜年孟秋，餘於嶼之南得一地焉，剪榛莽，平糞壤，因其地勢，闢為小園，手自經營，重九落成，名曰菽莊，以小字叔藏諧音也。當春秋佳日，登高望遠，海天一色，杳乎無極，斯園雖小，而餘得以俯仰瞻眺，詠嘆流連於山水間，亦可謂自適其適者矣。"

菽莊花園除了林家自用之外，也帶有一些公共園林的性質，這在中國近代的私家園林營造中罕見先例。自林爾嘉時代起，定期的公眾開放日體現了菽莊花園營造初期就有的包容氣質；儘管時代風雲變幻，花園管理幾經易主，都沒有抹盡其飽經滄桑的絕代風華。1956 年後，林家把菽莊花園贈與國家，使之得到了良好的保護修繕，花園總體佈局與景觀至今完好。為了抗禦颱風襲擊，園中部分建築作了改建加固，外觀色彩稍有變化，但整體造型基本不變。菽莊花園現為國務院批准頒佈的全國重點文物保護單位，受到政府有關部門的高度重視和悉心養護。

2000 年 1 月 8 日，中國首家、世界罕有的鼓浪嶼鋼琴博物館在菽莊花園"聽濤軒"開幕，"鋼琴之島"鼓浪嶼由此更加名副其實。由鼓浪嶼旅澳收藏家胡友義先生畢生收藏的 30 台世界著名古鋼琴大大增添了花園的音樂藝術氛圍。其中有 19 世紀上半葉美國製造的"士坦威"鋼琴，奧地利的"博森多福"鋼琴，德國皇室專用鋼琴，稀世珍品鎦金鋼琴，世界最早的四角鋼琴，最大的立式鋼琴，最老的手搖鋼琴，腳踏

菽莊花園內林爾嘉所作"菽莊園記"

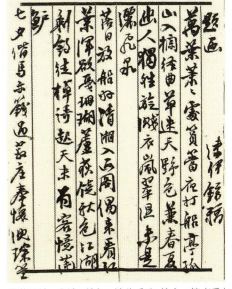
菽莊叢刻 摘自《樓臺重起》　　菽莊吟社-李禧（繡伊）詩稿手跡 摘自《樓臺重起》

自動演奏鋼琴，八個踏腳四套琴弦鋼琴，表現了一百多年來世界鋼琴的製作技術和發展水準。

如今的菽莊花園，已成了廣受國內外遊客歡迎的文化名園。人們從世界各地趕來鼓浪嶼，都想在菽莊花園裡欣賞美景，接受中國傳統文化的精神洗禮。其迷人園景恰如園主所言："斯園雖小，而餘得以俯仰瞻眺"，花園因巧借日光岩和大海之景而變得無限開闊，因 "俯仰瞻眺" 各種豐富的觀景方式而顯得精緻和趣味盎然。行走在菽莊花園中，人們或上或下，或進或出，或幽閉，或開闊，但見亭廊閣榭、海天山石，盡納園中。觀海看山，賞魚沐風，悠遊園中，兼收 "雖由人作、宛自天開" 的園林美景與海天一色的自然風光。

與台北板橋花園一樣，菽莊花園的興建也不是一次完成的，從 1904 年開始到 1936 年，整個花園先後建成聽潮閣、壬秋閣、亦愛吾盧、菊桂、小板橋、頑石山房、眉壽堂、四十四橋，明軒、真率亭、小蘭亭、熙春亭、息亭等建築和景點，歷時 32 年。

1913～1924 年間，林爾嘉遠赴歐洲旅遊，歷時十年，其花園建設受到土地擴展和地權爭議的影響。據現有資料，早在 1900～1910 年間，林氏家族在港仔後一帶已擁有一些土地興建觀景建築，如聽潮樓和壬秋閣。1913 年 7 月又獲得一個地塊建補山園，包括亦愛吾盧、菊畦、小板橋、頑石山房等。同年九月初九，菽莊花園基本建成。當時補山園南側也是稅務司公館西門通向海灘的山徑。

據林爾嘉自述："於民國三年三月間，向洪神金即洪狗洪神琳洪水洪藤等，購置毗連山地一方，山園十六段，以及該地範圍內所植樹木，並於民國四年七月間八年九月間，先後向思明縣請領毗連海灘；以為

昔日聽濤軒，今鋼琴博物館

海天山石，盡納園中

造園築橋之地。"1914年，林爾嘉不僅收購了洪家山地，還建成了眉壽堂。1915～1919年間，他向思明縣政府申領了海灘使用權，約於1919年開始興建藏海園。他先是向鼓浪嶼工部局領取執照，修建了四十四橋的第一段，之後將橋向南沿海灘擴展，並建圍牆封閉了稅務司公館的西門。從此，林爾嘉和廈門海關因地權問題爭執不斷，影響了菽莊花園的建設。1922年真率亭建成，壬秋閣也重建落成，1923年又修建了小蘭亭。1924～1930年間，林爾嘉遠遊歐洲，花園因此荒蕪。他歸國之後，於1931年對花園進行修葺，並勒石紀念。1934年修建熙春亭，次年修葺小蘭亭，1936年林爾嘉正室夫人龔雲環過世，他在山坡上建"息亭"作為夫人的衣冠塚，同年再度修葺小蘭亭。

1959年鼓浪嶼遭強颱風襲擊，摧毀園中許多建築，後經翻修基本複原。園內土地經過置換，花園邊界有所變動，部分園林建築也有些變化。如明軒、亦愛吾廬、聽潮樓、小蘭亭今已不存，眉壽堂、壬秋閣、真率亭加固改建。所幸花園 "藏海補山"的基本格局保留完好，可供追憶當年情形。③

注：
③ 陳煜 (2011)，"林爾嘉與板橋林家的兩座花園"，樓臺重起（下）。

20世紀30年代鼓浪嶼港仔後海濱風光，右下角為菽莊花園

菽莊花園老照片：四十四橋、海闊天空石與渡月、千波亭

菽莊花園老照片：海闊天空石與四十四橋

林爾嘉與菽莊花園修建年表

1875 年	林爾嘉出生於廈門，後全家遷到台灣板橋
1895 年	林家內渡廈門
1904 年	聽潮閣建成
1907 年	壬秋閣建成
1913 年	七月購地，九月菽莊花園落成（含補山園、亦愛吾廬、菊桂、小板橋、頑石山房）
1914 年	眉壽堂建成，購買洪家山地
1915～1919 年	向思明縣政府領取海灘使用權
1919 年	興建四十四橋，明軒建成
1922 年	真率亭建成，壬秋閣重建落成
1923 年	小蘭亭建成
1924～1930 年	林爾嘉遠遊歐洲
1929 年 11 月	法籍廈門稅務司人員毀損其仿板橋林家花園而建的園內石橋，引起林爾嘉憤怒展開訴訟，終得勝訴
1931 年	林爾嘉從歐洲返回鼓浪嶼，修葺菽莊花園
1935 年	建成熙春亭
1936 年	建成息亭
1937 年	抗戰爆發，避居上海
1945 年	抗戰勝利後赴台
1951 年	園主林爾嘉卒於台北
1956 年	林家將菽莊花園捐獻給廈門市政府
1957 年	菽莊花園闢為公園向公眾開放

1.3 台北板橋林家花園

　　與菽莊花園一脈相承的台北板橋林家花園，一直伴隨著菽莊園主林爾嘉的兒時記憶。它們雖然同屬林家，一脈相承，又因時代、環境、園主個性等方面的不同，在選址佈局、造園構思、使用功能、藝術特點等方面各具風釆。姊妹雙園，各俱風華，鄰隔海峽，交相輝映。

板橋林家花園：方鑑齋內庭全景

板橋林家花園：榕蔭大池全景

林本源園邸一百年

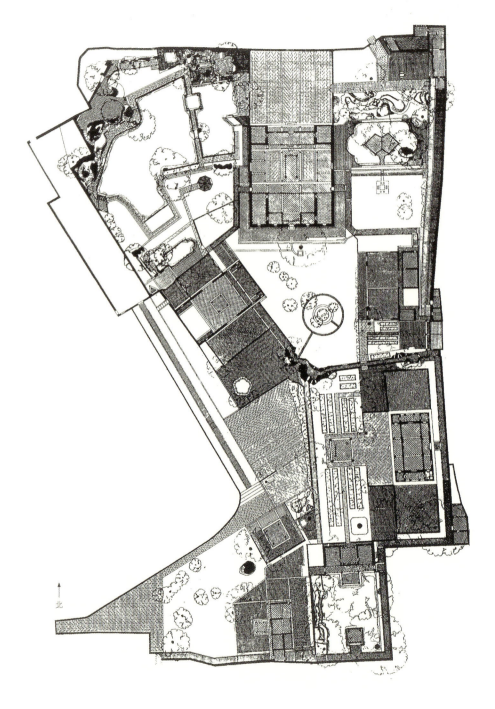

林家花園總圖（來源：《樓臺重起》）

1.3.1 林家花園興建背景

　　位於台北板橋的林家花園即林本源園邸，又稱林本源庭園或板橋別墅，俗稱林家花園，是清末台灣最重要的古典園林。板橋林家花園的興造，是台灣首富林本源家族財富與事業達到最高峰時的成就。它作為林家宅第新大厝營造的一部分，是板橋城鎮聚落發展過程中的重要組成，也是林本源家族發展的空間表現。

　　林家在板橋王國興建的第一棟建築是租館——弼益館。林家早在新莊時即參加板橋地區的開墾，在此地設租館，占地150坪，為形式特殊的四合院，前後附加涼亭。1853年（咸豐三年），板橋漳人為了抵抗泉人騷擾，邀請林家積極經營板橋。林國華、林國芳遷居板橋，修建了三落大厝。1855年，林本源家族策劃，漳人修築枋橋城，設城樓，有鉸櫃，以城外公館溝為天然護城河，成為防禦泉人的城堡。這也是在1882年台北城修築之前，台北盆地唯一築有城牆之河港的城鎮。1878年（光緒四年），林家開始營造五落新大厝，改為坐北朝南，面對板橋城區中心，歷經10年於1888年（光緒十四年）完工。林家新大厝的建造，在很大程度上左右了板橋中心城區的發展。

1.3.2 林家花園營造概況

　　清代台灣富戶，興建園林之風頗盛。板橋林家花園作為林家新大厝的一部分於清光緒年間興造，先是建造作為招待賓客的客廳"白花廳"和園主書齋"汲古書屋"。之後，1875年（光緒一年）前完成了園北後門旁邊面積最大的四合院建築"定靜堂"與其屋後觀賞花卉之所"香玉簃"。1876年（光緒二年）後，修建"來青閣"及"方鑑齋"水院。1877年（光緒四年），建成戲臺"開軒一笑"。最後的增修填充營建在1888～1893年間（光緒十四至十九年）進行。不幸的是，林家花園建成之後兩年就遭遇中日甲午海戰之殤，清朝政府"乙未割台"。山河之異，導致作為朝廷命官的林維源舉家內渡，避走廈門。

據台灣學者研究，板橋林家花園的設計除沿襲江南庭園(如留園)外，主人林維源的主觀意念亦參雜其中，至於是哪一位造園匠師來執行，研究尚無定論。傳說林家花園營造費用高昂，一說為白銀50萬兩，比造台北城的費用要多一倍。

日據時期，林家花園未遭破壞，成為離台北近郊重要的式典會場。除了林家元宵節舉辦猜燈謎活動外，亦成為早先日、台人交歡的重要場地。1935年台灣舉行始政四十週年紀念博覽會時，林家花園成為板橋鄉土館，吸引不少觀光客駐足。在日本統治台灣的50年間，至少在1908年和1935年前後，為了因應台灣西部縱貫鐵路開通及紀念博覽會時曾經整修過花園。

除了一般人參觀外，林家花園是台灣的美術家和學生喜愛的繪畫寫生場所，文人寫詩也常以林家花園的定靜堂為活動空間，各種吟社例會常假此地召開。如稻江淡北吟社、萃英吟社、板橋吟社、台北同聲聯吟會、星社等，都在此開過詩會。林家也培養出著名的畫家林克恭，詩人林鶴壽、林熊祥和林景仁。

二戰之後，林家的板橋花園大半由疏族或傭人所居住。後由國民黨台灣省黨部人員長期借用，辦公和居住，以致有155戶、1000餘人住到林家五落大厝和花園，形成"大雜院"，令花園景觀受到嚴重破壞。期間雖有些有識之士呼籲政府部門予以清理保護，但始終未果。直至1970年年底，林家花園的整建才初露曙光。先是

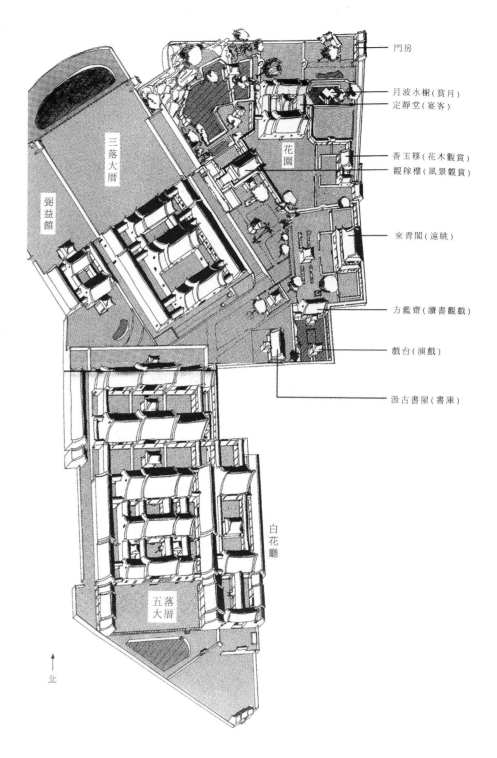

板橋林家宅園斜角透視圖（來源：板橋林宅調查研究及修復計畫 東海大學建築系，1973年，頁30-31）

板橋林家花園舊景：日治時期觀稼樓 （來源：《樓臺重起》）

林柏壽代表林家捐出3000多坪花園土地的所有權給政府，又捐了100萬做為先期研究之用，再捐1000萬給政府解決違建戶的問題。1978年台北縣政府委託東海大學建築系進行規劃研究，範圍包括三落、五落大厝及花園。計劃不僅有林家花園內部的整建，還包括管制園外的建築物。後來，林家提出捐出花園需保留三落大厝為宗祠的條件，並要求縣政府拆除五落大厝轉為商業用地的承諾，造成今天花園週邊空間較堵的現狀。

1982年11月8日，林家花園整建工作終於展開，1986年被定為二級古蹟加以保護，1987年1月

板橋林家花園舊景：日治時期香玉簃菊圃 （來源：《樓臺重起》）

1日舉行落成典禮。1997年由於整建時有遺漏之處，如屋頂漏水、匾聯出錯等問題未處理，加上建築木構架遭白蟻肆虐，台北縣政府幾經努力爭取經費，分四區陸續整建，到2001年8月重修後開園。2005年，又完成了全面體檢及長期養護工作，2006年再度校正林家花園中的匾聯錯誤。至此，林家花園已然重生。

總體而言，板橋林家花園在造園藝術上有四大特徵：

一是院落佈局，遊廊貫穿；

二是模山范水，巧於因借；

三是花窗工藝，自成一格；

四是詩文楹聯，懷舊自勉。

這些藝術特點，對於林爾嘉營造菽莊花園產生了一些潛移默化的影響。

板橋林家花園舊景：園橋造型（來源：《樓臺重起》）

月波水榭豐富的空間體驗

綠蔭如蓋、碧池照影的月波水榭

榕蔭大池邊的長橋

榕蔭大池釣魚磯与雲錦淙

汲古書屋，懷舊自勉

院落佈局，遊廊貫穿

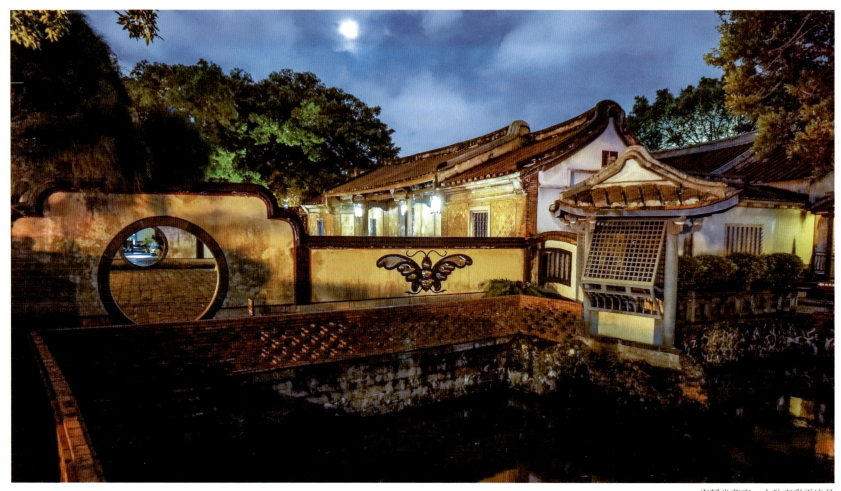
定靜堂花窗，中秋夜彩雲追月

方鑑齋水院，觀魚戲蓮影

開軒一笑戲臺

橫虹臥月遊廊

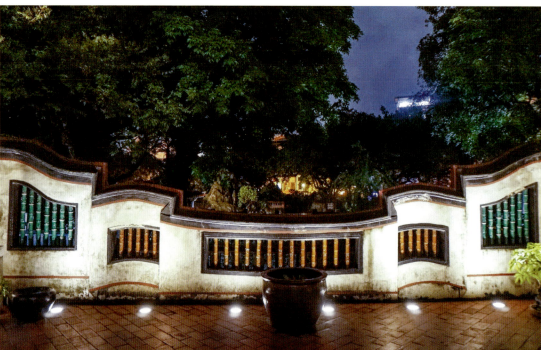

花窗工藝，自成一格

第二章 菽莊花園的研究現狀

2.1 國內外專業研究成果

2.1.1 研究方法

(1) 文獻研究

本課題的文獻研究，主要是通過網絡資料庫檢索文獻，對相關圖書、期刊、老照片及文史資料的整理，找出與廈門菽莊花園和園主林爾嘉相關的文獻記錄。其中，採用網絡資料庫檢索方式查找文獻，選擇的檢索資料數據庫有 CNKI 全文資料庫、萬方資料庫、超星電子圖書、百鏈雲資源、讀秀中文學術搜索等。

主要檢索項：全文、篇名、關鍵字、摘要。

主要檢索詞：廈門菽莊花園、板橋林家花園、林爾嘉、菽莊吟社。

(2) 學者訪談

通過與廈門大學、台灣大學、東海大學、朝陽科技大學及閩台兩地等文史專家的交流訪談，瞭解了相關的歷史資訊。其中，盧善慶、洪卜仁、淩德麟、蔡淑美、王小璘、何友鋒等教授、專家還爲我們提供了一些菽莊花園和板橋林家花園的研究資料。

(3) 實地調研

實地調研廈門鼓浪嶼菽莊花園、林氏府和台灣板橋林家花園及相關園林古蹟的現狀，通過拍照記錄、現場訪談等不同方式，瞭解台灣海峽兩岸林家花園的營造歷史，梳理花園的造園思想與景區佈局，深入考察其山水形式、園林建築、花木假山等造園要素與保護現狀。

菽莊花園補山園景

菽莊花園百年樹齡的木棉

2.1.2 主要研究成果

(1) 歷史與修建背景研究

台灣學者許雪姬（1992）在《日據時期的板橋林家——一個家族與政治的關係》和《近世家族與政治比較歷史論文集》中對林家發家與各代主要人物的興起過程均有描述，對於板橋林家花園與鼓浪嶼菽莊花園的興建背景有所研究。

1995 年廈門市鼓浪嶼區委員會編制的《鼓浪嶼文史資料》中，關於菽莊花園和林氏家族的文章有 13 篇，分別為 "從台廈兩花園說到台灣林本源為海峽兩岸所做出的巨大貢獻"、"發揚林叔臧祖孫的愛國主義精神"、"海峽彼岸林家園"、"林爾嘉的藏書、刊書及詩作"、"菽莊花園與海關稅務司公館訴案始末"、"菽莊探美"、"林爾嘉的實業思想"、"林爾嘉生平事略"、"林爾嘉座上客（第 1 輯）"、"菽莊吟社與《菽莊詩稿》（第 10 輯）"、"廈門博物館台灣板橋林家歷史資料厘述（第 9 輯）"、"協助林爾嘉與洋人打官司的律師是誰（第 6 輯）"、"林爾嘉（菽莊）簡譜（第 9 輯）"。這些文章詳細介紹板橋林家的歷史、林爾嘉生平和家族關係、菽莊花園、菽莊吟社等內容，較全面地勾勒出菽莊花園建設主持人林爾嘉先生的生平、仕途、園景及菽莊吟社活動概貌。其中，彭一萬先生在 "菽莊探美" 一文中提到：修建菽莊花園的緣起是 1894 年中日甲午戰爭後林家遷至廈門，林爾嘉因經常思念台灣板橋花園故居，於 1913 年在鼓浪嶼東南隅修建菽莊花園。黃乃江（2011）在《東南壇坫第一家——菽莊吟社研究》中介紹菽莊花園及各景點落成典禮，菽莊吟社的日常活動等情況，側面反映菽莊吟社的成員們在花園中的吟詩、賞菊、賞景的文人雅趣。此外，1999 年《福建年鑒》中收錄了有關菽莊花園的圖片，2005 年《中國建設年鑒》對廈門鼓浪嶼風景名勝區有所介紹。

(2) 關於板橋林家花園

台北板橋林家花園的建設較早，園址保存完整，園景保護與修繕較好，台灣學者對其造園歷史、建築形式、庭院空間及文學趣味等方面的研究成果較多，主要文獻有：

- 張詩悌（1997），板橋林家花園解說效果之探討
- 李麗雪（1998），台灣傳統庭園的情緒體驗及景觀偏好之研究——以板橋林家花園為例
- 蔡漢民（1998），板橋林家花園 "花窗" 形式與功能之研究
- 詹雅玲（1995），板橋林家花園與霧峰萊園之比較研究
- 陳文錦（2001），從中國傳統庭園形式之構成探討台灣傳統私家庭園形式之特質
- 莊信輝（2005），兩岸古蹟保存政策之研究——以板橋與鼓浪嶼林家花園為例
- 翁偉文、楊裕富（2007），傳統庭園整體空間構成分析比較——以板橋林家花園為例
- 盧冠廷、楊裕富（2007），從敘事設計思維初探傳統庭園形式——以板橋林家花園為例
- 呂宗翰（2008），中國園林藝術之內涵探討與設計應用——以林家花園為例

國內研究成果相對較少，主要文獻有：

- 呂國美（1994），台灣園林與板橋林本源庭園

- 馬睿哲（2012），台北林家花園博古漏窗之解讀
- 羅哲文（1995），台北縣林家花園——台灣園林之一精粹
- 羅清吉（1999），台灣的百年名園——板橋林家花園
- 鄭鏞（2007），論台灣建省前後國家與社會的互動——以板橋林家霧峰林家為研究物件
- 陸琦（2009），台北林家花園
- 胡冰心、邢至怡（2012），談嶺南園林的漏窗中蘊含的人文之美
- 高關中（2003），中國台灣風土大觀

(3) 關於鼓浪嶼菽莊花園

鼓浪嶼菽莊花園歷史悠久，造園藝術特色突出，是廈門著名的旅遊景點。但是，國內外學術界對其深入研究不多，能查閱到的文獻資料內容多是對園中景點和造園特點的介紹。有許多文獻的內容相似，具有科學研究價值的文獻較少。

彭一萬（2001）在《廈門跨海情緣》中，介紹了菽莊花園的造園緣起、以名寓意和構築特色。李未明（2000）談到2000年中國第一座鋼琴博物館便誕生在風景如畫的音樂之島——廈門鼓浪嶼菽莊花園的"聽濤軒"內。盧曉衡（2003）在書中提到菽莊花園充分利用地形地貌，展示出藏海、巧借和動靜結合的特點，成為鼓浪嶼的別墅園中文化氣息最濃厚的花園。陳志宏、王劍平（2006）在《從華僑園林到城市公園——閩南近代園林研究》中，講到建於1913年的林爾嘉菽莊花園，由"藏海園"與"補山園"兩部分組成，建有眉壽堂、壬秋閣、頑石山房等園景，並將大海、礁石等自然景觀融入園內，展現了巧於因借的傳統造園思想。張弘、李濤（2006）撰文提到歷史上菽莊花園分為藏海園及補山園兩部分，各造五景。"藏海園"五景為：眉壽堂、壬秋閣、真率亭、四十四橋、招涼亭；"補山園"五景為：頑石山房、十二洞天、亦愛吾廬、聽潮樓、小蘭亭。後來又增建熙春亭、茆亭、傘亭等。羅哲文（2008）在"姐妹雙園兩岸爭麗——台北板橋林家花園和廈門鼓浪嶼菽莊花園"一文中，談到菽莊花園繼承傳統，仿照故園，不斷創新。

(4) 關於板橋林家花園與菽莊花園

鼓浪嶼菽莊花園和板橋林家花園同為林氏家族所建，景觀風貌各具特色，如今均為國家文物，受到妥善保護。相對而言，台灣學者對林家花園的學術研究較爲深入，而大陸學者對菽莊花園的學術研究較少。

林其泉（1986）介紹了鼓浪嶼菽莊花園和台北板橋林家花園的聯係。陳光從（2003）撰文談到板橋林家花園設計構思精巧，園景變化多端，處處引人入勝，是為台灣清代園林之冠。加之林家於1913年仿照板橋林家花園，又在廈門鼓浪嶼修建了菽莊花園，故在台灣甚為著名。鮮為人知的是，陳、林兩大姓因友情深厚而喜結良緣，更引發出跨越三個世紀、名動海峽兩岸的陳、林望族之兩岸情緣。

李志鴻、陳芹芳(2002)在"一台一廈，兩板橋——記台北板橋林家與廈門菽莊花園"一文中，論及台北板橋林宅和廈門菽莊花園都是台灣望族——林本源家族的府邸。羅哲文曾多次在文章中提及台北板橋林維源邸林家花園和廈門鼓浪嶼菽莊花園兩處園林有密切的親緣關係。陳志銘（2008）的"文物古跡見證台灣海峽兩岸諸緣"和陳筠（2008）的"走進菽莊，聆聽兩岸'姐妹'的心聲"文中，都講述了台灣板橋花園和廈門菽莊花園的親緣聯係。

2008年9月鼓浪嶼菽莊花園與台北林家花園締結為"姊妹園"後，雙方旅遊與文化交流活動越來越多。據2010年9月20日《中國旅遊報》報導，廈門鼓浪嶼管委會參訪團攜手廈門南樂團前往台北林本源園邸（林家花園）進行參觀訪問和演出，開展兩岸文化交流，受到台灣民眾的熱烈歡迎。隨著海峽兩岸民間文化交流的增加，對這兩座花園的研究也更加深入。馬睿哲（2011）論述板橋林家在海峽兩岸修建的兩座園林，是閩台兩地同祖同根的歷史證據，還對其園林歷史、發展沿革及現狀特點作了分析，重點在比較的基礎上說明兩園同根同源的相似性。夏鑄九(2011)《樓臺重起(下编——林本源园林的空间体验记忆与再现)》中記述了林爾嘉與板橋林家兩座花園的關係，對台北板橋林家花園的園林佈局和建築形式有較全面的測繪記錄，成果珍貴。相關文獻主要有：

- 林其泉（1986），廈門鼓浪嶼菽莊花園和台北板橋林宅花園
- 李理（1995），菽莊花園尋幽
- 盧善慶（1996），"菽莊"八旬話變遷
- 李未明（2000），中國第一座鋼琴博物館
- 彭一萬（2001），海濱精品"菽莊花園"
- 陳光從（2003），陳林望族兩岸情緣
- 羅哲文（2005），雙園競秀兩岸情深——記台北板橋林家花園和廈門菽莊花園
- 陳志宏、王劍平（2006），從華僑園林到城市公園——閩南近代園林研究
- 申惠豐（2006），異質空間：論菽莊的空間象徵及其意義
- 羅哲文（2008），姐妹雙園兩岸爭麗——台北板橋林家花園和廈門鼓浪嶼菽莊花園
- 陳志銘（2008），文物古跡見證台灣海峽兩岸諸緣
- 陳筠（2008），走進菽莊，聆聽兩岸"姐妹"的心聲
- 馬睿哲（2011），台北林家花園與廈門菽莊花園園林藝術研究

圖書專著：
- 李志鴻、陳芹芳（2002），從"唐山祖"到"開台祖"：台灣移民與家族社會
- 盧曉衡（2003），三教圓融兩岸一體共同建設中華民族的新文化
- 張弘、李濤（2006），中國著名園林遊
- 彭一萬（2011），廈門跨海情緣
- 夏鑄九（2011），樓臺重起（下编——林本源园林的空间体验记忆与再现）
- 張運宗（2008），台灣的園林宅第
- 李瑞宗（2010），風景的想象力——板橋林本源園邸的園林
- 王慶臺（2011），林本源園邸古跡細賞系列：漏窗之美·2
- 康鍩錫（2004），林本源園邸古跡細賞系列：雕刻之美·1
- 徐麗霞（2006），林本源園邸古跡細賞系列：區聯之美·3

2.2 菽莊花園國際知名度

2.2.1 研究方法

網絡關鍵詞檢索，是目前使用最廣泛的客觀影響力評價方式。選用不同的檢索工具對相同的關鍵詞進行網絡資料檢索，通過檢出成果的數量值爲確定檢索詞的知名程度提供參考。

第一組檢索：

　　中文常用檢索引擎（谷歌、百度、搜狗）

檢索關鍵字設置：

　　廈門菽莊花園、台北板橋林家花園、北京頤和園、承德避暑山莊、蘇州留園、蘇州拙政園、蘇州網師園、泰姬·瑪哈爾陵花園、美泉宮花園、凡爾賽宮花園、帕多瓦植物園、倫敦皇家植物園。前 2 個為目標檢索關鍵詞，後 10 個為參照檢索關鍵詞，均為現有世界文化遺產中著名的園林景觀項目。

第二組檢索：

　　英文常用檢索引擎（Google; Bing; Yahoo）

檢索關鍵字設置：

　　Lin Family Mansion and Garden, New Taipei; Shuzhuang Garden, Xiamen; Summer Palace, Beijing; Mountain Resort, Chengde; Lingering Garden, Suzhou; Humble Administrator's Garden, Suzhou; Master of the Nets Garden, Suzhou; TajMahal Garden; Schönbrunn Palace& Gardens, Vienna; Palace& Gardens of Versailles, Versailles; Ortobotanico di Padova, Padua; Royal Botanic Gardens, Kew, London.

2008年9月鼓浪嶼菽莊花園與台北林家花園締結為"姊妹園"後，雙方旅遊與文化交流活動越來越多。據2010年9月20日《中國旅遊報》報導，廈門鼓浪嶼管委會參訪團攜手廈門南樂團前往台北林本源園邸（林家花園）進行參觀訪問和演出，開展兩岸文化交流，受到台灣民眾的熱烈歡迎。隨著海峽兩岸民間文化交流的增加，對這兩座花園的研究也更加深入。馬睿哲（2011）論述板橋林家在海峽兩岸修建的兩座園林，是閩台兩地同祖同根的歷史證據，還對其園林歷史、發展沿革及現狀特點作了分析，重點在比較的基礎上說明兩園同根同源的相似性。夏鑄九(2011)《樓臺重起(下編——林本源園林的空間體驗記憶與再現)》中記述了林爾嘉與板橋林家兩座花園的關係，對台北板橋林家花園的園林佈局和建築形式有較全面的測繪記錄，成果珍貴。相關文獻主要有：

- 林其泉（1986），廈門鼓浪嶼菽莊花園和台北板橋林宅花園
- 李理（1995），菽莊花園尋幽
- 盧善慶（1996），"菽莊"八句話變遷
- 李未明（2000），中國第一座鋼琴博物館
- 彭一萬（2001），海濱精品"菽莊花園"
- 陳光從（2003），陳林望族兩岸情緣
- 羅哲文（2005），雙園競秀兩岸情深——記台北板橋林家花園和廈門菽莊花園
- 陳志宏、王劍平（2006），從華僑園林到城市公園——閩南近代園林研究
- 申惠豐（2006），異質空間：論菽莊的空間象徵及其意義
- 羅哲文（2008），姐妹雙園兩岸爭麗——台北板橋林家花園和廈門鼓浪嶼菽莊花園
- 陳志銘（2008），文物古蹟見證台灣海峽兩岸諸緣
- 陳筠（2008），走進菽莊，聆聽兩岸"姐妹"的心聲
- 馬睿哲（2011），台北林家花園與廈門菽莊花園園林藝術研究

圖書專著：

- 李志鴻、陳芹芳（2002），從"唐山祖"到"開台祖"：台灣移民與家族社會
- 盧曉衡（2003），三教圓融兩岸一體共同建設中華民族的新文化
- 張弘、李濤（2006），中國著名園林遊
- 彭一萬（2011），廈門跨海情緣
- 夏鑄九（2011），樓臺重起（下編——林本源園林的空間体驗記憶與再現）
- 張運宗（2008），台灣的園林宅第
- 李瑞宗（2010），風景的想象力——板橋林本源園邸的園林
- 王慶臺（2011），林本源園邸古跡細賞系列：漏窗之美·2
- 康鍩錫（2004），林本源園邸古跡細賞系列：雕刻之美·1
- 徐麗霞（2006），林本源園邸古跡細賞系列：區聯之美·3

2.2 菽莊花園國際知名度

2.2.1 研究方法

網絡關鍵詞檢索,是目前使用最廣泛的客觀影響力評價方式。選用不同的檢索工具對相同的關鍵詞進行網絡資料檢索,通過檢出成果的數量值爲確定檢索詞的知名程度提供參考。

第一組檢索:

中文常用檢索引擎(谷歌、百度、搜狗)

檢索關鍵字設置:

廈門菽莊花園、台北板橋林家花園、北京頤和園、承德避暑山莊、蘇州留園、蘇州拙政園、蘇州網師園、泰姬·瑪哈爾陵花園、美泉宮花園、凡爾賽宮花園、帕多瓦植物園、倫敦皇家植物園。前 2 個爲目標檢索關鍵詞,後 10 個爲參照檢索關鍵詞,均爲現有世界文化遺產中著名的園林景觀項目。

第二組檢索:

英文常用檢索引擎(Google; Bing; Yahoo)

檢索關鍵字設置:

Lin Family Mansion and Garden, New Taipei; Shuzhuang Garden, Xiamen; Summer Palace, Beijing; Mountain Resort, Chengde; Lingering Garden, Suzhou; Humble Administrator's Garden, Suzhou; Master of the Nets Garden, Suzhou; TajMahal Garden; Schönbrunn Palace& Gardens, Vienna; Palace& Gardens of Versailles, Versailles; Ortobotanico di Padova, Padua; Royal Botanic Gardens, Kew, London.

2.2.2 研究結果

中文檢索結果顯示："廈門菽莊花園"在谷歌、百度、搜狗中的檢索結果排名分別為 6、8、7；"台北板橋林家花園"在谷歌、百度、搜狗中的檢索結果排名分別為 11、11、10。國外檢索結果顯示："Shuzhuang Garden, Xiamen"在 Google、Bing、Yahoo 中的檢索結果排名分別為 12、6、6；"Lin Family Mansion and Garden, New Taipei"在 Google、Bing、Yahoo 中的檢索結果排名分別為 6、3、2。

表 2-1　中文常用檢索引擎檢索結果表

檢索詞	谷歌		百度		搜狗	
	檢索結果數量	排序	檢索結果數量	排序	檢索結果數量	排序
台北板橋林家花園	245000	11	122000	11	16728	10
廈門菽莊花園	3290000	6	1020000	8	57311	7
北京頤和園	31400000	2	6970000	1	363137	1
承德避暑山莊	4280000	5	5030000	2	161544	2
蘇州留園	7200000	3	3110000	4	111054	4
蘇州拙政園	4880000	4	4550000	3	122627	3
蘇州網師園	182000000	1	1460000	7	64080	5
泰姬·瑪哈爾陵花園	794000	8	54100	12	7383	11
美泉宮花園	665000	9	362000	9	38919	8
凡爾賽宮花園	924000	7	1540000	6	59793	6
帕多瓦植物園	89500	12	208000	10	7321	12
倫敦皇家植物園	281000	10	1580000	5	33781	9

搜索時間：2013-10-13-16：00～16:30

表 2-2 國外常用檢索引擎檢索結果表

Search Term	Google		Bing		Yahoo	
	result	sequence	result	sequence	result	sequence
Lin Family Mansion and Garden, New Taipei	300000	6	15800000	3	103000000	2
Shuzhuang Garden, Xiamen	22600	12	5680000	6	5640000	6
Summer Palace, Beijing	3790000	3	8130000	5	8020000	5
Mountain Resort, Chengde	72500	10	145000000	1	147000000	1
Lingering Garden, Suzhou	134000	7	35500	12	35800	12
Humble Administrator's Garden, Suzhou	128000	8	118000	11	116000	11
Master of the Nets Garden, Suzhou	106000	9	14700000	4	14800000	4
TajMahal Garden	17600000	2	17400000	2	17300000	3
Schönbrunn Palace & Gardens, Vienna	1590000	4	1320000	9	1320000	9
Palace & Gardens of Versailles, Versailles	39000000	1	4280000	7	4280000	7
Ortobotanico di Padova, Padua	69000	11	323000	10	313000	10
Royal Botanic Gardens, Kew, London	707000	5	2160000	8	2170000	8

搜索時間：2013-10-13-11:30~12:00

表 2-3 目標檢索結果排序表

	檢索詞	谷歌	百度	搜狗
中文檢索	廈門菽莊花園	6	8	7
	台北板橋林家花園	11	11	10
	檢索詞	Google	Bing	Yahoo
英文檢索	Shuzhuang Garden, Xiamen	12	6	6
	Lin Family Mansion and Garden, New Taipei	6	3	2

2.2.3 百度新聞檢索

搜索詞：菽莊花園（2013-10-14）

搜索條件：標題包含"菽莊花園"，發表區間：2004-10-01 至 2013-10-01

搜索結果：找到相關新聞 79 篇，按時間排序如下：

表 2-4　百度新聞檢索"菽莊花園"一覽表

序號	新聞標題	來源	網址	發佈時間	出現次數
1	廈門鼓浪嶼菽莊花園的詩意傳奇	福建日報	http://travel.cntv.cn/2013/09/22/ARTI1379857061327266.shtml	2013/9/22 21:39	1
2	鼓浪嶼為胡友義塑像骨灰撒在菽莊花園附近海域	搜狐福建	http://fj.sohu.com/20130812/n383911708.shtml	2013/8/12 7:14	1
3	專家齊聚鼓浪嶼"把脈"菽莊花園	台海網	http://www.taihainet.com/news/xmnews/szjj/2013-06-15/1084661.html	2013/6/15 7:25	1
4	4月18日至6月30日 菽莊花園"百歲"全球徵集史料	台海網	http://www.taihainet.com/news/xmnews/shms/2013-04-19/1055274.html	2013/4/19 17:17	1
5	寶寶游菽莊花園	新浪視頻	http://video.sina.com.cn/v/b/100361965-2121690824.html	2013/3/28 19:21	1
6	鼓浪嶼菽莊花園"壬秋閣"揭牌	鳳凰網文化頻道	http://culture.ifeng.com/gundong/detail_2013_01/30/21758497_0.shtml	2013/1/30 9:09	1
7	菽莊花園100歲了 "蘇東坡"為其重題壬秋閣	搜狐福建	http://fj.sohu.com/20130129/n364946588.shtml	2013/1/29 7:03	1
8	菽莊花園"壬秋閣"昨日正式揭牌	台海網	http://www.taihainet.com/news/xmnews/gqbd/2013-01-29/1017807.html	2013/1/29 7:03	1
9	鼓浪嶼菽莊花園	新華網福建頻道	http://www.fj.xinhuanet.com/tp/2012-10/30/c_113540334.htm	2012/10/30 9:24	1

續表

序號	新聞標題	來源	網址	發佈時間	出現次數
10	海上看鼓浪嶼(1) 菽莊花園區	新浪視頻	http://video.sina.com.cn/v/b/87490080-2675493391.html	2012/10/10 16:55	1
11	在菽莊花園、吹著海風、真好	新浪視頻	http://video.sina.com.cn/v/b/81201720-1910111907.html	2012/7/11 18:09	1
12	去菽莊花園 看古代銅器展覽	新浪福建	http://fj.sina.com.cn/xm/life/tr/2011-07-19/093310675.html	2011/7/19 9:33	1
13	鼓浪嶼菽莊花園 四十四橋上	新浪視頻	http://video.sina.com.cn/v/b/55410536-1340397211.html	2011/6/26 14:40	1
14	廈門：菽莊花園江南園林與大海相擁	新浪福建	http://fj.sina.com.cn/xm/life/tr/2011-01-26/09275689.html	2011/1/26 9:27	1
15	廈門菽莊花園新增噴霧裝置遊客"被噴水"不濕身可降溫	網易新聞	http://news.163.com/10/0715/11/6BKM6S6S00014AEE.html	2010/7/15 11:18	2
16	台灣南音來廈門交流 菽莊花園奏響古樂	鳳凰網	http://v.ifeng.com/news/taiwan/201007/d70ec2e0-5465-49af-95aa-3357c4a33353.shtml?_from_ralated	2010/7/6 0:07	1
17	2010 板橋林本源園邸與鼓浪嶼菽莊花園文化交流活動成功舉行	新浪	http://news.sina.com.cn/c/2010-07-05/190520615052.shtml	2010/7/5 19:05	3
18	台灣南音赴廈門交流 菽莊花園奏響古樂	鳳凰網	http://v.ifeng.com/news/taiwan/201007/eba2cb24-6d92-4fd2-87da-ea8ddeba8b3e.shtml	2010/7/5 10:52	2
19	[福建]台灣南音來廈門交流 菽莊花園奏響古樂	人民網	http://tv.people.com.cn/BIG5/150716/157447/157454/12049345.html	2010/7/5 10:52	1
20	台灣版"菽莊花園"昨日來廈交流	網易新聞	http://news.163.com/10/0704/07/6ANVHDB900014AEE.html	2010/7/4 7:42	2
21	鼓浪嶼菽莊花園將試運行電子門票	新浪福建	http://fj.sina.com.cn/xm/news/ms/2010-06-07/15342174.html	2010/6/7 15:34	1

续表

序号	新闻标题	来源	网址	发布时间	出现次数
22	厦门：菽庄花园电子门票系统预计6月中下旬投入试运行	腾讯旅游	http://www.itravelqq.com/2010/0607/ 44416.html	2010/6/7 15:04:06	1
23	菽庄花园电子门票有望本月试运行	网易新闻	http://news.163.com/10/0605/04/68CTP0UK00014AED.html	2010/6/5 4:10	1
24	鼓浪屿景点介绍：菽庄花园	新浪福建	http://fj.sina.com.cn/life/z/2009-11-17/1513198.html	2009/11/17 15:13	1
25	海滨花园精品之作——菽庄花园	新浪视频	http://video.sina.com.cn/v/b/22417514-1317659687.html	2009/7/5 10:27	1
26	菽庄花园	新浪视频	http://video.sina.com.cn/v/b/20907908-1271824005.html	2009/5/19 13:25	1
27	厦门菽庄花园将重现南唐夜宴风华	新华网福建频道	http://www.fj.xinhuanet.com/nwq/2008-11/18/content_14946974.htm	2008/11/18 10:49	2
28	古典歌舞剧《韩熙载夜宴图》将在菽庄花园上演	厦门市人民政府网	http://www.xm.gov.cn/sm/whhd/200811/t20081114_288318.htm	2008/11/14 10:25	1
29	厦门菽庄花园与台北板桥林本源园缔结"姐妹园"	中国新闻网	http://www.chinanews.com/tw/lajl/news/2008-09-07/1373901.shtml	2008/9/7 18:33:00	5
30	厦门鼓浪屿菽庄花园与台北县林本源园邸签署交流合作协定	新华网	http://news.xinhuanet.com/newscenter/2008-09/07/content_9842789.htm	2008/9/7 14:35	7
31	签署鼓浪屿菽庄花园与台湾林本源园邸"姐妹园"旅游对接协议备忘录	新华网福建频道	http://www.fj.xinhuanet.com/zb/2008-09-07/content_14333507.htm	2008/9/7 9:51	1

續表

序號	新聞標題	來源	網址	發佈時間	出現次數
32	林本源園邸與菽莊花園結為"姊妹園"	新浪	http://news.sina.com.cn/c/2008-09-07/074814414495s.shtml	2008/9/7 7:48	1
33	廈門菽莊花園與台北縣林家花園締結"姊妹園"	中國新聞網	http://www.chinanews.com/tw/ztjz/news/2008-08-01/1331734.shtml	2008/8/1 00:56:00	4
34	台北林家花園與廈門菽莊花園締結"姊妹園"	中華網	http://news.china.com/zh_cn/news100/11038989/20080731/15001636.html	2008/7/31 21:46	10
35	台北林家花園與廈門菽莊花園締結"姊妹園"	人民網	http://tw.people.com.cn/GB/104510/7594315.html	2008/7/31 19:51	1
36	菽莊花園	新華網福建頻道	http://www.fj.xinhuanet.com/lypd/2008-03-05/content_12621390.htm	2008/3/5 8:00	2
37	菽莊花園—鼓浪嶼鋼琴博物館	樂途旅遊網	http://www.lotour.com/snapshot/2007-8-15/snapshot_83078.shtml	2007/8/15 11:14	1
38	廈門菽莊花園	新浪汽車網	http://auto.sina.com.cn/news/2006-12-07/1645236469.shtml	2006/12/7 16:45	3
39	全國第二家私立博物館在鼓浪嶼菽莊花園落戶	新華網	http://www.xinhuanet.com/chinanews/2005-10-03/content_5274939.htm	2005/10/3 11:22	3
40	菽莊花園擺擂臺 鼓浪嶼街頭藝人競爭上崗	新華網	http://www.xinhuanet.com/chinanews/2004-12/25/content_3454638.htm	2004/12/25 11:18	3
41	廈門鼓浪嶼菽莊花園（圖）	新華網	http://news.xinhuanet.com/travel/2004-04/09/content_1410911.htm	2004/4/9 15:57	4

搜索詞：板橋林家花園（2013-10-14）

搜索條件：標題包含"板橋林家花園"，發表時間：2004-10-01 至 2013-10-01

搜索結果：找到相關新聞 7 篇，按時間排序如下：

表 2-5 百度新聞檢索"板橋林家花園"一覽表

序號	新聞標題	來源	網址	發佈時間	出現次數
1	台灣板橋林家花園舉辦小學生繪畫比賽（圖）	網易新聞	http://news.163.com/12/0522/09/823MSOJG00014AED.html	2012/5/22 9:27	1
2	[福建]新北市：板橋林家花園	人民網	http://tv.people.com.cn/BIG5/150716/157447/157454/16565860.html	2011/12/10 18:51	2
3	走進台灣舊時庭園——板橋林家花園	新華網	http://news.xinhuanet.com/travel/2011-10/28/c_122208674.htm	2011/10/28 9:59	14
4	板橋林家花園	中國台灣網	http://www.taiwan.cn/twzlk/baodaofengcai/201012/t20101213_1645552.htm	2010/12/13 16:49	2
5	福州文化景點三坊七巷與板橋林家花園結成姊妹花園	華夏經緯網	http://www.huaxia.com/xw/twxw/2010/05/1877956.html	2010/5/10 15:08	1
6	台灣台北縣板橋林家花園苦苓綻放飄香	中國新聞圖片網	http://www.cnsphoto.com/NewsPhoto/ShowNewsDetail.asp?ID=535111	2009/3/26 9:33	1
7	台灣板橋林家花園	中國台灣網	http://travel.taiwan.cn/twly/ybtw/byfg/tbs/200509/t20050912_200210.htm	2005/9/12 11:19	1

搜索詞：林本源園邸（2013-10-14）

搜索條件：標題包含"林本源園邸"，發表時間：2004-10-01 至 2013-10-01

搜索結果：找到相關新聞 10 篇，按時間排序如下：

表 2-6 百度新聞檢索"林本源園邸"一覽表

序號	新聞標題	來源	網址	發佈時間	出現次數
1	旺宅旺家：林本源園邸	中國政協新聞網	http://cppcc.people.com.cn/n/2012/1215/c34948-19904966.html	2012/12/15 1:54	1
2	台北縣林本源園邸茶文化活動登場中華茶藝獻演	西湖龍井資訊平臺	http://www.westlaketea.com/html/2010/11/07/35765.html	2010/11/7 17:16	1
3	2010 板橋林本源園邸與鼓浪嶼菽莊花園文化交流活動成功舉行	新浪	http://news.sina.com.cn/c/2010-07-05/190520615052.shtml	2010/7/5 19:05	3
4	台灣林本源園邸文化交流團在廈門訪問演出	新華網	http://news.xinhuanet.com/tw/2010-07/04/c_12296296.htm	2010/7/4 17:24	5
5	板橋林本源園邸	網易新聞	http://news.163.com/10/0304/15/60UKHDAV000146BD.html	2010/3/4 15:05	1
6	廈門鼓浪嶼菽莊花園與台北縣林本源園邸簽署交流合作協定	新華網	http://news.xinhuanet.com/newscenter/2008-09/07/content_9842789.htm	2008/9/7 14:35	7
7	簽署鼓浪嶼菽莊花園與台灣林本源園邸"姐妹園"旅遊對接協議備忘錄	新華網福建頻道	http://www.fj.xinhuanet.com/zb/2008-09/07/content_14333507.htm	2008/9/7 9:51	1
8	林本源園邸與菽莊花園結為"姊妹園"	新浪	http://news.sina.com.cn/c/2008-09-07/074814414495s.shtml	2008/9/7 7:48	1
9	板橋林本源園邸：台灣僅存最完整的園林建築（圖）	鳳凰網	http://news.ifeng.com/taiwan/2/200803/0326_352_461422.shtml	2008/3/26 8:00	2
10	林本源園邸賞燈、探菊重現古典浪漫	華夏經緯網	http://www.huaxia.com/tw/jjtw/2008/00763937.html	2008/2/21 0:00	1

从上述研究可得出結論：廈門菽莊花園和台北板橋林家花園均有較高的國際知名度，基本達到了同類世界文化遺產的項目知名度水平。其中，廈門菽莊花園目前的媒體傳播知名度，在國內高於台北板橋林家花園，在國外則低於台北板橋林家花園。

參考文獻

- 蔡漢民. 板橋林家花園"花窗"形式與功能之研究 [D]. 台北："國立"台灣大學, 1998.
- 陳光從. 閩台近代愛國詩人林爾嘉及其吟社活動 [J]. 炎黃縱橫, 2008(11):28-29.
- 陳光從. 陳林望族兩岸情緣 [J]. 台聲, 2003(8): 40-42.
- 陳娟英. 板橋林家相關歷史資料綜述 [A]. 廈門博物館建館十周年成果文集, 1998:6.
- 陳芹芳, 李志鴻. 從"唐山祖"到"開台祖"台灣移民與家族社會 [M]. 北京：九州出版社, 2002: 225-229.
- 陳志銘. 文物古跡見證台灣海峽兩岸諸緣 [J]. 文博, 2008(3):45-49.
- 陳文錦. 從中國傳統庭園形式之構成探討台灣傳統私家庭園形式之特質 [D]. 台北："國立"台灣大學, 2001.
- 陳筠. 走進菽莊，聆聽兩岸"姐妹"的心聲 [J]. 兩岸關係, 2008(10):10-13.
- 李麗雪. 台灣傳統庭園的情緒體驗及景觀偏好之研究——以板橋林家花園為例 [D]. 台北："國立"台灣大學, 1998.
- 李理. 菽莊花園尋幽 [J]. 風景名勝, 1995(5):36-37.
- 李瑞宗. 風景的想象力——板橋林本源園邸的園林 [M]. 台北：台北縣政府文化局, 2010.
- 李未明. 中國第一座鋼琴博物館 [J]. 福建藝術, 2000(2):25.
- 陸琦. 台北林家花園 [J]. 廣東園林, 2009,31(1):73-74.
- 林其泉. 廈門鼓浪嶼菽莊花園和台北板橋林宅花園 [J]. 中國園林, 1986(3):29-30.
- 凌德麟, 吳宗矜. 中國式庭園景窗特質之體驗與偏好研究——以板橋林家花園為例 [J]. 中國園藝, 1998, 3(44): 223-237.
- 盧冠廷, 楊裕富. 從敘事設計思維初探傳統庭園形式——以板橋林家花園為例 [C]. 第三屆空間設計學術論文及設計作品發表研討會論文集, 2007:579-582.
- 盧曉衡. 三教圓融兩岸一體共同建設中華民族的新文化 [M]. 北京：經濟管理出版社, 2003.
- 盧善慶."菽莊"八旬話變遷 [J]. 中國旅遊, 1996(2): 40-41.
- 羅清吉. 台灣的百年名園——板橋林家花園 [J]. 中國園林, 1999(1):30-31.
- 羅哲文. 台北縣林家花園——台灣園林之一精粹 [J]. 古建園林技術, 1995(4):57-56.
- 羅哲文. 羅哲文文集 [M]. 武漢：華中科技大學出版社, 2010:149-155.
- 羅哲文. 姐妹雙園，兩岸爭麗——台北板橋林家花園和廈門鼓浪嶼菽莊花園 [J]. 古建園林技術, 2008(1): 21-24.
- 羅哲文. 雙園競秀，兩岸情深——記台北板橋林家花園和廈門菽莊花園 [J]. 中國園林, 2005(7):40-44.
- 呂國美. 台灣園林與板橋林本源庭園 [J]. 中國園林, 1994(3):30-34.
- 呂宗翰. 中國園林藝術之內涵探討與設計應用——以林家花園為例 [D]. 大同：大同大學, 2008.

- 高關中. 中國台灣風土大觀[M]. 北京：當代世界出版社, 2003(3):117.
- 康鍩錫. 林本源園邸古跡細賞系列：雕刻之美1[M]. 台北：台北縣政府文化局, 2004.
- 胡冰心, 邢至怡. 談嶺南園林的漏窗中蘊含的人文之美[J]. 福建建築, 2012(4):20-21.
- 黃乃江. 東南壇坫第一家——菽莊吟社研究[M]. 武漢：武漢出版社, 2011.
- 馬睿哲. 補山藏海東望故園——記廈門鼓浪嶼菽莊花園[J]. 中國科技縱橫, 2009(11):111-112.
- 馬睿哲. 台北林家花園博古漏窗之解讀[J]. 漳州師範學院學報(哲學社會科學版), 2012(4):12-16.
- 馬睿哲. 台北林家花園與廈門菽莊花園園林藝術研究[D]. 福州：福建師範大學, 2011.
- 彭一萬. 海濱精品"菽莊花園"[J]. 風景名勝, 2001(9):40-41.
- 彭一萬. 廈門跨海情緣[M]. 廈門：廈門大學出版社, 2011:21-61,269.
- 夏鑄九. 樓臺重起(下編——林本源園林的空間體驗記憶与再現)[M]. 新北：新北市文化局（再版）, 2011.
- 徐麗霞. 林本源園邸古跡細賞系列：匾聯之美3[M]. 台北：台北縣政府文化局, 2006.
- 詹雅玲. 板橋林家花園與霧峰萊園之比較研究[D]. 台北："國立"台灣大學, 1995.
- 張弘, 李濤. 中國著名園林遊[M]. 呼和浩特：遠方出版社, 2006:105-107.
- 張詩悌. 板橋林家花園解說效果之探討[D]. 台北："國立"台灣大學, 1997.
- 張運宗. 台灣的園林宅第[M]. 新北：遠足文化, 2008.
- 鄭鏞. 台灣建省前後國家與巨族的互動——以台灣板橋林家、霧峰林家為研究物件[J]. 東南學術, 2007(2):149-155.
- 莊信輝. 兩岸古蹟保存政策之研究——以板橋與鼓浪嶼林家花園為例[D]. 私立"中國"文化大學, 2005.
- 中國人民政治協商會議, 廈門市鼓浪嶼區編委會. 鼓浪嶼文史資料[M]. 第10輯. 廈門：廈門市鼓浪嶼區編委會, 2004:44.
- 中國人民政治協商會議, 廈門市鼓浪嶼區編委會. 鼓浪嶼文史資料[M]. 第1輯. 廈門：廈門市鼓浪嶼區編委會, 1995: 1-74.
- 中國人民政治協商會議, 廈門市鼓浪嶼區編委會. 鼓浪嶼文史資料[M]. 第6輯. 廈門：廈門市鼓浪嶼區編委會, 2001:95-99.
- 中國人民政治協商會議, 廈門市鼓浪嶼區編委會. 鼓浪嶼文史資料[M]. 第9輯. 廈門：廈門市鼓浪嶼區編委會, 2002:38,128.
- 申惠豐. 異質空間：論菽莊的空間象徵及其意義[J]. 台灣文學學報, 2006(9):155-181.
- 王慶臺. 林本源園邸古跡細賞系列：漏窗之美2[M]. 台北：台北縣政府文化局, 2011.
- 翁偉文, 楊裕富. 傳統庭園整體空間構成分析比較——以板橋林家花園為例[C]. 第三屆空間設計學術論文及設計作品發表研討會論文集, 2007:76-81.

第三章 菽莊花園的造園藝術

3.1 菽莊花園勝景探析

3.1.1 詩書筆墨繪園景

菽莊花園，勝景之美，貴在格局。自園主林爾嘉相地造園伊始，依山傍海的優越自然地理條件便決定了這塊地蘊含著豐富的美景資源。後來經過數年完善，陸續相邀文人名士賞園吟詠創作，菽莊勝景日漸顯露並廣為傳播。

菽莊大門有題匾：藏海，在渡月亭石刻上也有"藏海園"，明確地表達了造園主題。在菽莊吟社組織的數次詩詞歌賦創作活動中，園主和詩友筆墨下的花園美景[4]有：

聽潮樓楹聯：
　　大江東去，古調重彈。（李禧）
　　至哉觀古樂，大矣會文人。（楊士鵬）
　　試墨書新竹，張琴和古松。（楊士鵬）
　　山靜似太古，心清聞妙香。（林叔臧）
　　雲山開畫本，風月樂詩人。（林叔臧）
　　臥看浮雲天作幕，醉邀明月海為懷。（林叔臧）
　　竹外引流天然曲水，山陰修禊春在茂林。（沈琇瑩）
　　甘谷春秋金谷序，平泉草木月泉詩。（沈琇瑩）
　　宿海為園戛戛造成一勝地，愛謀若命年年作主大吟壇。（楊士鵬）

談瀛軒楹聯：
　　縱有文章驚海內，匪將門閥傲江邊。（胡惟賢）
　　世外桃園君小隱，袖中東海我來遊。（劉冠雄）
　　珊瑚朝旭看收網，牛門秋霜指泛槎。（鄭海驄）
　　園林即好推賢主，子弟多才本世家。（周蓮）

眉壽堂楹聯：
　　與君各擅園林勝，許我平分風月無。（黃仲訓）

荷亭楹聯：
　　舉手此邀月，飛花正午春。（林叔臧）
　　荷香池上下，亭影月西東。（林叔臧）

亦愛吾盧楹聯：
　　秋容雖淡，晚節猶香。（林叔臧）
　　江月不隨流水去，天風直送海濤來。（林叔臧）
　　話舊恍如前世事，看山每憶遠遊時。（林叔臧）

頑石山房楹聯：
　　有襟海負山勝概，以栽花種竹怡情。（江春霖）

渡月亭楹聯：
　　驚濤亂石相摩蕩，雲鳥風颸自往還。（林叔臧）
　　長橋支海三千丈，明月浮空十二欄。（龔雲環）

注：
④ 楹聯資料來源於現場抄錄，柯盛世.廈門名勝楹聯集錦[M].廈門：廈門大學出版社；網絡：http://linkz.blog.163.com/blog/static/18697002012126103142873/.

⑤ 詩詞資料全部來源於：政協廈門市鼓浪嶼區委員會.菽莊諸景唱和（八首）鼓浪嶼詩詞選[M].廈門鷺江出版社,1994.

從菽莊花園內現存的和原有的楹聯內容可看出，相關詩文描繪主要集中在"聽潮樓"和"眉壽堂"（又名"談瀛軒"）。聽潮樓和眉壽堂當年為花園裡有居住功能的建築，來菽莊吟社活動的閩台詩人交流頻繁，聽潮樓為集會下榻之地，眉壽堂為宴客招待之所。賓客遊園後聚會創作，故多有作品留存收藏。亦愛吾廬也有楹聯3首，但都是園主獨自創作。頑石山房、渡月亭、荷亭也有楹聯描繪，內容包括花園內"荷香"、"亭影"、"長橋支海"等人文景觀，更多的是"山雲"、"風月"、"流水"、"海濤"等自然景觀。

史料中描繪菽莊花園景致的詩詞[5]主要有：

四四曲橋
林叔臧

微雲低抹暮山蒼，雨後風輕入望涼。
行過橋欄四十四，懸崖吹下草花香。

四四橋
陳培錕

四四橋闌似曲廊，左山右海卻深藏。
最宜竚月開軒處，雨後風輕入望涼。

十二洞天
莊棣蔭

江干雲木鬱青蒼，雨後風輕入望涼。
十二洞天秋一色，獨吟人坐萬花香。

林爾嘉與家人在菽莊花園夏日賞荷，後方為茆亭，有詩雲："楸局消閒興味長，不知瀛海種紅桑。茆亭客話荷深處，雨後風輕入望涼。"

林爾嘉在菽莊花園，前方為菊畦擺花廣場，中間為茆亭，後方為十二洞天。主人獨坐其中，印證了詩中"獨吟人坐萬花香"的意境。

枕流石
葉伯坙

四圍山色鬱蒼蒼，雨後風輕入望涼。
蘆潊飛花隨水出，枕流石畔晚潮香。

談瀛軒
蘇大山

波回大海莽蒼蒼，雨後風輕入望涼。
倚定談瀛軒外立，淨中聞得藕花香。

千波亭
施乾

樓臺罨畫海山蒼，雨後風輕入望涼。
覓句橋闌閒徙倚，千波亭外浪花香。

茆亭
莊善望

楸局消閒興味長，不知瀛海種紅桑。
茆亭客話荷深處，雨後風輕入望涼。

聽潮樓
黃鴻基

觀菊也曾過菽莊，聽潮樓下萬花黃。
一天秋意如人淡，雨後風輕入望涼。

聽潮樓 題菽莊十圖寄怀主人瑞士
蘇大山

海外曾過舊板橋，好春時節雨瀟瀟。
歸來仍上君樓坐，重聽延平壘畔潮。

菽莊四詠
許南英

聽濤樓

一輩舊人嘗往返，十年豪氣已除刪。
倚欄顧盼兼天浪，舉手招呼舊岸山。
澎湃濤聲都入耳，參差黛色盡開顏。
客來莫話滄桑事，容我浮生半日閒。

眉閣

橋下一渠添勺水，階前萬種列盆花。
綠杉落日司空屋，黃草秋風老杜家。
可有漁人尋晉魏，偶同農父話桑麻。
高吟四壁飛天籟，兀坐忘機樹影斜。

蘆潊

鑿石成隍引海流，黃蘆多處系扁舟。
青山樹裡新蝸屋，紅蓼花時小鷺洲。
細浪頻吹來有約，懶雲欲出暫勾留。
頭銜且署清涼士，佇看天容氣已秋。

蕙風榭

窮途薄命有知音，一笑相逢證素心。
名士美人香草意，孤臣山鬼女蘿吟。
與君入室言宜佩，招我歸山跡可尋。
領取袓香清氣味，自從海外到於今。

題林叔臧鼓浪嶼菽莊

許南英

卜築園林近洞天，避人避世地行仙。
聽潮樓上頻東望，鹿浪鯤濤一愴然。
勞勞客去主人閒，隨意科頭水石間。
添種梅花千萬本，閩中又一小孤山。

乙卯五月望夜菽莊張燈詞

許南英

夜遊秉燭踏山莊，群屐相邀趁晚涼。
月正圓時花正好，花光月色與低昂。
萬燈點綴碧山巔，丘壑真成不夜天。
待月似嫌高樹密，大家佇立小樓前。

畫意無限的菽莊花園（來源：《詩書彩畫鼓浪嶼》

3.1.2 菽莊花園早期勝景

菽莊花園的景觀特色以"藏海"、"補山"著稱，歷史上曾有"十景"之說，即藏海園和補山園各有五景，"藏海五景"為眉壽堂、壬秋閣、四十四橋、聽潮樓和招涼亭；"補山五景"為頑石山房、十二洞天、亦愛吾廬、真率亭和小蘭亭。

(1) 藏海園五景

① 眉壽堂

眉壽堂是一座亭閣式建築，位於入園庭院右側，在1914年林爾嘉年近不惑之年時建成，題名寓意祝願長壽，眉壽堂又名"談瀛軒"，當年主要作為林家招待客人之用。因台灣古時稱瀛州，園主通過景名表達思念台灣的意思。建築臨海，兩邊有曲堤。每逢大潮，坐在堤上俯身便可擊浪。倘在月夜，又可領略"掬水月在手"、"滿目飛明鏡"的意境。

② 壬秋閣

壬秋閣是座亭頂樓閣式建築，臨水而築，小巧玲瓏，始建於1922年農曆壬戌之秋。遊園賓客在此可品茗聽曲，吟詩作賦，至哉觀古樂，大矣會文人。於內小憩，有兩幅畫面進入眼簾：近岸菱形的亭子叫"真率亭"；伸向海中的曲橋是"四十四橋"。閣南有亭頂走廊架臨海上深池，清靜可鑒；橋外浪卷千疊，橋內深池平靜如鏡。

③ 四十四橋

四十四橋是1919年（園主44歲時）修建。岸邊斜岩上有三幅石刻，右邊一幅是林爾嘉的親撰手跡："余既成菽莊之七年，己未五月瀛海歸來，旁拓海堧，別構藏海園，臨水開軒，疊石支橋，以九月九日訖功，因續為記，剗之于石。"署名"爾嘉"。它說明園主林爾嘉是花園的設計者和實施人。中間一幅詩："四十四

菽莊花園舊景：壬秋閣、眉壽堂、聽潮樓與遠處的日光岩

橋紀落成,梁空支海渡人行;扶欄百丈水千尺,樂事千年長月明。"後署"集萬安橋碑記,雲環"。雲環即林菽莊的原配夫人龔雲環,是清末泉州翰林龔詠樵(顯增)的女兒。這幅詩刻說明了雲環夫人才華橫溢和林爾嘉受到西方文化影響而有開明不俗的為人。左邊一幅石刻:"歲在甲子,園居寡歡;天畀航海,自東徂西;飆輪電激,攬勝瀛寰;寒暑七更,然後返嶼;入宮不見,三徑就荒;斷橋流水,彌增感歎,嗣作淵遊,夏出秋歸;亟命鳩工,從事修葺;舊觀以復,摩崖記之。"署"辛未冬日爾嘉"。從碑文可知,園主爾嘉從甲子年之後(1924年)到辛未(1931年)出海7年"攬勝瀛寰,寒暑七更",先後到台灣、日本等地旅遊,後往瑞士寓居養病,到1931年才返迴鼓浪嶼。

四十四橋景區還包括橋上的兩個觀景亭——渡月亭和千波亭。

④ 聽潮樓

原樓系兩層土木結構,在壬秋閣後小川堤旁,因臨海灘,潮水澎湃,其聲訇然,故名"聽潮"。20世紀40年代後期該樓拆毀改為草坪。

⑤ 招涼亭

招涼亭位於四十四橋終點依山面海的位置,正是納涼佳地。建築平、立面造型均有扇形元素,仿佛一把扇子為人徐徐扇動。富有詩意的精彩題名,讓該亭在滿足夏季遊憩活動功能的基礎上更顯生動活潑的趣味。

菽莊花園眉壽堂舊景(來源:李乾朗,1998)

四十四橋與遠處的小蘭亭(今不存)(引自《風景的想象力——板橋林本源園邸的園林》)

菽莊花園舊景:眉壽堂。1919年菽莊花園眉壽堂及明軒,背景山上為海關稅務司公館,如今為海上花園酒店(來源:鼓浪嶼文史資料,第5輯,2000)

(2) 補山園五景

① 頑石山房

頑石山房是主人書房，園主自比"頑石"，希望通過攻讀能夠聰明穎悟。景區題名體現了他讀書進取，追求知識的積極人生觀。建築面朝西北的聽濤軒地處半山，夏日涼風習習，避免了南門吹來的強勁海風。園主林爾嘉愛菊，據當年花園門童梁老先生介紹，他的父親當年便是種植培養菊花的高手。場地光線、濕度狀況適合菊花培植，但取水要去到山腳的內湖。照顧菊花需要每日早出晚歸，下山挑水。園主憐惜梁父勞累，便在頑石山房半山處修建了一個水池收集雨水利用，減少挑水上山。同時，該池在雨水儲滿溢流時又是一處跌水景觀。緣起仁慈心，生出巧妙意。百年前菽莊花園的景點設計，恰好詮釋了"因地制宜"、"以人為本"的傳統園林營造原則。

② 十二洞天

該景為一組用棕褐色的海礁石構築的大假山，外觀嶙峋，草木掩蓋；洞內幽邃，光怪陸離。因有大小形態不同的十二個洞室，以十二地支編名，故稱"十二洞天"。石洞上下串通，兒童嬉戲其間如猴兒攀竄，故有綽號"猴洞"。洞洞迂迴，曲折迷離，如入歧路，

菽莊花園亦愛吾廬舊景（來源：李乾朗，2001）

菽莊花園真率亭與壬秋閣舊景（來源：林孟青，李木本，呂理德，傳梓國，1935）

矇頭轉向，幾番輾轉才能走出，俗名"迷魂洞"。洞中置有石椅、石桌及石床，可供人休憩。

③ 亦愛吾廬

亦愛吾廬為賞景建築，與十二洞天相對，取義陶淵明《讀山海經》詩句"眾鳥欣有托，吾亦愛吾廬"，意在"結廬"，有潔身自愛之意。建築為凸字狀的亭閣小樓，前有一片"菊畦"，種菊賞菊，效陶公之遺風。該景是林爾嘉對板橋林家花園設計師呂西村的懷念，表達了主人對台北板橋故居的眷戀之情。

④ 真率亭

亭子形狀似菱，背山臨水；仁者樂山，智者樂水，在此見仁見智，各抒己見，可達到"真誠坦率，胸無芥蒂"的境界。亭中設有石桌石凳，遊人可坐收山海美景。

⑤ 小蘭亭

該亭落成於1924年農曆三月初三，適值王羲之修禊之日，故名。在落成之日和三月十三、廿三，園主曾效蘭亭修禊三次。1933年三月初三（即上巳節）又集會修禊，拈韻賦詩成《上巳雅集》。⑥

菽莊花園的早期勝景，是中國傳統園林藝術的精品之作，具有很高的遺產傳承與文化研究價值。其中大部分景觀，至今仍熠熠生輝。

注：
⑥ 菽莊花園十景引自：楊紀波. 菽莊花園十景[M]// 鼓浪嶼文史資料.

3.2 菽莊花園今十二景

　　菽莊花園以山海為題組景，造園手法別具一格，園林景觀生動自然。"菽莊"園名來自園主林爾嘉的字號"叔臧"，造園初衷緣起于主人對兒時故園——台北板橋林家花園的思念之情。園之興盛得益于"菽莊吟社"詩會活動的推動，園林建築落成於園主對世事人生大徹大悟之時。菽莊園景，曾是中國近代仕商心路與時代精神、山水景觀相融彙聚的縮影。菽莊園趣，在幾代騷人墨客的低吟淺唱中美名遠揚，至今依然風姿卓越，吸引著眾多中外賓客心馳神往。

　　百年菽莊，飽經滄桑，今天仍然保持著造園之初的"藏海"、"補山"藝術特點，並恰到好處地表現在12個主要場景的深遠意境之中，令人流連忘返。

長橋藏海

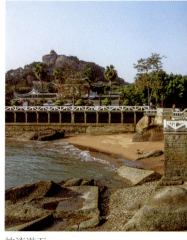

枕流漱石

真率清漪

印心聽濤

十二洞天

壬秋詩閣

千波渡月

海阔天空

石屏招凉

板桥莲影

眉寿古趣

顽石山房

3.2.1 長橋藏海

"長橋藏海"特指四十四橋，是菽莊花園的特色主景。園主沿海濱修建了一座長 100 多米共 44 跨的蜿蜒石橋，構成園內觀賞海景的主要遊線。橋下設閘形成內湖，引海潮入園，將大海景致藏入園中。"四四橋欄似曲廊，左山右海卻深藏。"洶湧的波濤到此不再揚波，形成寧靜花園與澎湃大海之間的景觀過渡，實現人文景觀與天然景觀的完美結合。

四十四橋營造于園主林爾嘉 44 歲之時。園主曾題詩表達他當時的人生感悟："行過橋欄四十四，懸崖吹下草花香。" 主人在混亂動盪世事中的無奈感與園居生活的些許恬淡之情躍然紙上。蜿蜒曲折的百丈長橋，如長龍般橫臥在海上，把遠處仙境般縹緲的廣闊海景與近處日夜漲落的石上潮汐景觀一併藏入園中。橋外大海浪卷千疊，橋內清池波平如鏡。林爾嘉原配夫人龔雲環曾在園中題寫了鼓浪嶼唯一的女性摩崖石刻，就在四十四橋的海邊岩石上："扶欄百丈水千尺，樂事千年長月明。"女主人借用"扶欄百丈"的長橋形成"水千尺"的藏海景觀，寄託了對人生的美好期待和祝願。

四十四桥与千波亭

從海上長橋眺望日光岩

四十四橋題刻

潮水退去時分的長橋

退潮後的橋体與岩石展現粗曠之美

行過橋欄四十四，懸崖吹下草花香

四十四橋延長段

3.2.2 枕流漱石

"枕流漱石"在中國古代是指一種隱居生活的場景，成語出處為南朝宋·劉義慶的《世說新語·排調》——"王曰：流可枕，石可漱乎？孫曰：所以枕流，欲洗其耳；所以漱石，欲礪其齒。"菽莊園主巧借典故，利用原有海邊巨石題字成景，畫龍點睛，盡得風流。"蘆漵飛花隨水出，枕流石畔晚潮香。"林爾嘉先生發揮天才般的想象力，將日夜流動不息的海浪波濤化作枕頭，用心感受海潮漲落的形態、聲音和味道，枕流洗耳，漱石滌心，除卻凡塵，淨化靈魂，達到一種超凡脫俗的景觀意境。

园主题字"枕流"石

巨石枕流，橋鎖驚濤

潮起潮落，憑欄聽濤

菽莊花園一百年

海邊崖壁上菽莊主人題的摩崖石刻

枕于石上，聽海濤流波之聲，洗耳滌心

3.2.3 千波渡月

"千波渡月"景點主要指四十四橋上的千波亭、渡月亭及其山水環境構成的獨特景觀。渡月亭為半月形，開窗框景，框邊有聯："長橋支海三千丈，明月浮空十二欄"。聯中的自然與人文景觀相對應，無限與有限空間互轉換，賦予"渡月"一詞深遠的含義。園主林爾嘉先生在渡月亭上銘文："余性愛月，藏海園東，有亭翼然，集萬安橋碑記，額曰渡月，並綴楹語識之。己未重陽菽莊。"文中提到的"萬安橋"又稱"洛陽橋"，位於閩南泉州洛江區橋南村與惠安縣洛陽鎮交界的洛陽江入海口處，是我國第一座海港樑式大石橋，北宋皇祐五年至嘉祐四年(1053～1056年)間由泉州郡守蔡襄主持興建，並撰文《萬安橋記》，其橋樑工程、撰文、碑刻並稱"三絕"，歷史上與河北趙州橋齊名，民間有"北趙州，南洛陽"的說法。園主將菽莊四十四橋和萬安橋相提並論，可見其造園立意的眼光之高。

從渡月亭沿橋南行，不遠就是"千波亭"。亭呈四方形平面，額題"千波"二字。憑欄可觀千層煙波，萬頃浪濤。亭中觀海，但見水天一色，遠山含黛，南太武山蜿蜒在右，浯嶼諸島散列海中；時而晴天麗日，金波粼粼；時而霧靄茫茫，海風習習。信步於此，步移景換，宛入仙境。

千波亭（左）和港仔后海滨

曲橋雙亭

月夜清波

渡月亭楹聯与框景

亭內靜觀淼淼千波

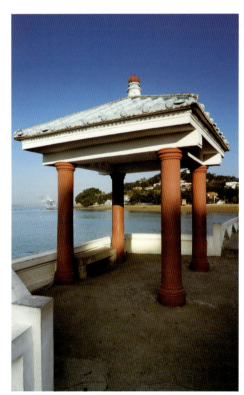

千波亭

長橋映千波

76　第三章　菽莊花園的造園藝術

半亭巧渡月

3.2.4 海闊天空

"海闊天空"是天然景觀結合人文情思巧構而成的特色景點。園主在藏海長橋旁的"枕流"巨石背面,用剛勁有力的書法題刻"海闊天空"四個大字,一石雙景,蔚為壯觀。此處的前景是橋下設閘引入海水形成的人工湖,平靜如鑒;中景是海上巨石和觀魚臺,臺基題有"羨魚"二字,遠景是浩瀚的海面和無垠的天空。"海闊天空"題刻巨石造型獨特,如女媧補天石一般頂天立地,渾然天成。近水遠海景觀的動靜對比,不僅襯托眼前海闊天空之具象景深,更暗喻心中海闊天空之理想意境。

長橋伏波，海闊天空

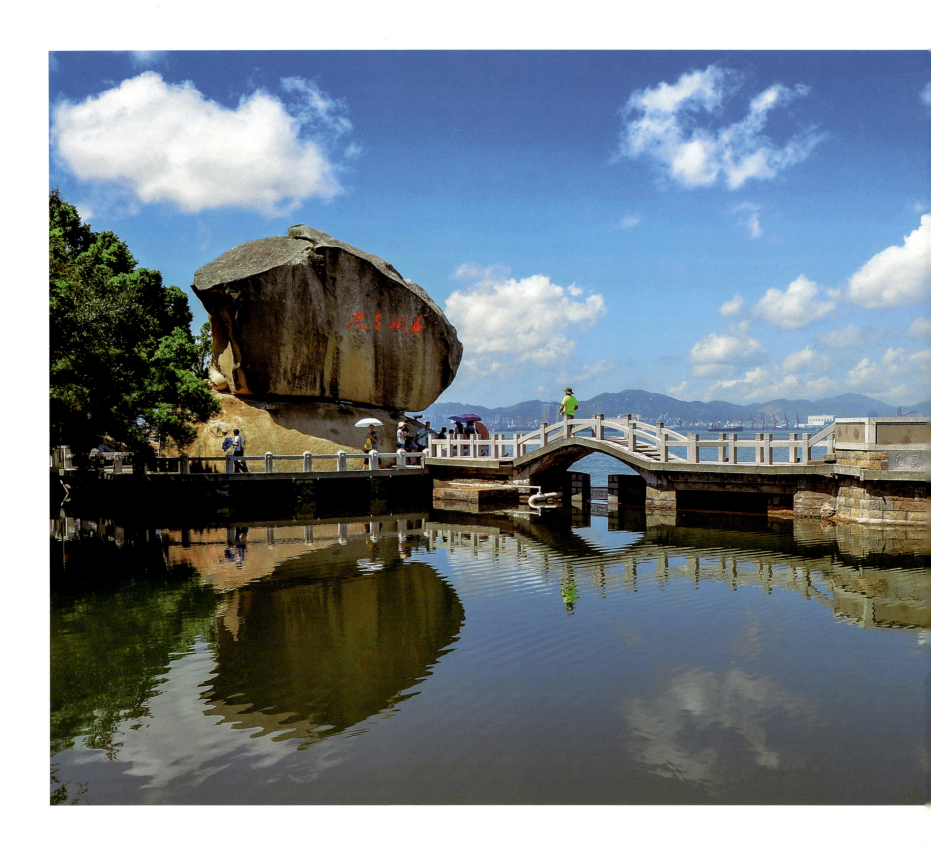

雲海盡收羨魚臺

觀魚觀景共一臺

82 第三章 菽莊花園的造園藝術

菽莊花園一百年

剛柔兼济，氣象萬千

四十四橋羨魚臺

3.2.5 真率清漪

"真率清漪"為園中結合自然佈局的人文景觀，景點內容包括近似菱形的真率亭及亭前榕樹與湖水。真率亭背山面海，面前是一泓碧綠的清潭。左有海闊天空石，右有臨水壬秋閣，前為長橋羨魚台，是位於花園核心的賞景休憩點。亭中設有石桌石凳，一旁的大榕樹氣根密集垂向水面，隨清風輕搖，水面時常泛起漣漪。微風拂面的舒適和波光漣漪的韻律，形成輕鬆愉快的空間氛圍，表達了一種獨特的景觀意境：人間交往本該真誠坦率，就像湖中清澈的漣漪。

真率亭與壬秋閣互成對景

花影清漪

心如明鏡兩相知

晨雾旖旎真率亭

真率亭四面借景　　　　　　　　　　　　　　　　　　　　　　　　晴天碧池真率亭

3.2.6 印心聽濤

從千波亭東望，山岩入海，浪花四濺。其中有塊心形巨石任驚濤拍擊而獨具風綵。園主觸景生情，鐫刻"印心"二字於山石之上，仿佛天風海濤盡入心懷。經過波濤侵襲，歲月磨勵，印心石表面已漸平滑，更顯崇尚自然精神之大美。印心石旁的草仔山上建有"聽濤軒"，如今闢為世界著名的鼓浪嶼鋼琴博物館。濤聲和琴聲，構成菽莊花園裡最美的天籟之聲。印心聽濤，是為以上自然與人文景觀共同構成的大海詩境。

印心巨石

石山上的聽濤軒

印心觀潮

印心弄潮

印心伴潮

菽莊花園一百年

印心惊濤

印心戲潮

3.2.7 石屏招涼

"石屏招涼"是菽莊花園裡表現生活美的景點，構築了園主面海休憩、臨風納涼的詩意空間。

"招涼"亭建於四十四橋的盡頭，紅頂白牆，依山面海，正是夏季納涼佳地。亭子造型簡潔，四面開敞，平面是扇形，左右開兩個扇形景門，在建築造型上就給人以涼風習習的想象。

亭旁有一塊削壁狀如屏風，山石空懸，底平為床，石欄立石，題字為屏。三伏炎夏，清風經石屏入亭。而"招涼"的題字，更是把園景意境擬人化，仿佛扇形之亭可徐徐扇動，同時招來海上與山間的清風，令人倍感愜意。

背山面海招凉亭

招凉亭旁的"石屏"

石屏旁的石床

招涼亭綠樹遮蔭、靠山納涼，三面通透、招風不藏

石屏擋住熱氣,景門像是扇子,招來徐徐涼風

招涼亭的建築位置、通透造型和寓意想象,給予人們涼爽的客觀環境和心理暗示。招涼亭背後山上的園路題刻:"峰迴路轉",是園景從海到山的提示

3.2.8 板橋蓮影

　　"板橋蓮影"是菽莊花園裡的懷舊景觀，位於補山園腳下的一池碧水之中，優雅靜謐。園主林爾嘉先生懷念兒時嬉戲的台北板橋林家花園，在菽莊花園裡造了"小板橋"之景，並在池中栽培荷花和睡蓮。板橋由條石砌築，貼近水面。一橋分池水，中央置小亭，幾叢睡蓮，幾塊山石，組成一幅魚戲蓮葉，人游畫中的美景。每當夏日，荷花飄香，主人常組織詩友召開"荷日觀蓮"與"七七消夏會"，吟詩唱和，意趣風雅，在詩意盎然的山水景觀中消遣度日。

從十二洞天俯瞰板橋蓮影

從十二洞天內隱約可見小板橋

板橋與三角亭

三角亭及壬秋閣

板橋置石與石燈

板橋置石與植栽

貼水折橋

石燈與小板橋

三角亭小憩

植栽與置石水岸

106　第三章　菽莊花園的造園藝術

植栽與水岸裝飾

植栽與置石水岸

3.2.9 十二洞天

"十二洞天"是用棕赤色的砂岩、頁岩、礫岩、火山流紋岩壘疊構築成的景石大假山，因山中有大小形態不同的十二個洞室和十二生肖塑像而得名。園主採用道教裡的"洞天福地"理念造景，構成一個充滿童趣幻想的遊憩活動空間。山中洞洞相連，石階高低錯落，小徑迂迴盤旋，空間曲折互通。洞中還設有石桌、石椅、石床等休憩設施，幽曠有致、超凡脫俗。假山上配套建有西式亭子和花架廊，供人駐足流連。

十二洞天俯瞰

110　第三章　菽莊花園的造園藝術

十二洞天里的十二生肖

雨中游洞天

曲折蜿蜒、撲朔迷離

意趣盎然的遊戲空間

迷宮般的十二洞天

洞天福地的意喻

洞觀園景

洞口的貼石處理

洞內置石座椅，彷彿仙人居所

高低錯落的空間

十二生肖栩栩如生

116　第三章　菽莊花園的造園藝術

蜿蜒曲折的小徑

幽靜私密的對弈台

藤蔓滿山石

3.2.10 壬秋詩閣

　　壬秋閣始建於 1922 年農曆壬戌之秋，有懷念蘇東坡之意。園主當年在此 "至哉觀古樂，大矣會文人"，是舊時菽莊吟社的主要活動場所。壬秋閣是座亭頂樓閣式建築，與眉壽堂互為對景，小巧玲瓏。詩閣臨水而築，一半在陸上，一半在海中，閣之東、南兩面各開拱門，臨水柱間設美人靠椅，憑欄可觀池中錦鱗，聽海浪起伏濤聲，於內小憩，風景如畫。

臨水詩意空間

壬秋閣建築西立面

華燈初上壬秋閣

詩人幸會更陶然

壬秋閣東面景觀

集蘇軾題字——壬秋閣

壬秋閣南側洞門框景

3.2.11 眉壽古趣

眉壽堂（又稱眉閣）為菽莊花園的主要景點之一，原為林家招待客人之用，正門左右長廊和堂內短廊各有四根朱紅圓柱，形制端莊。眉壽堂堂內明窗幾淨，內有雕花，地板鋪花磚，現為觀復博物館所在之地，展覽清明時代的古式傢具和瓷質古董。建築沿海堤佈局，重簷歇山，飛簷翹角，琉璃粉牆，古樸典雅，海天一色，渾然天成。堂前有花崗岩鋪就的觀景平臺，花木盆景環繞四周。

據考證，"眉壽"取自《詩經》的"以介眉壽"和蘇東坡的"祝君眉壽似增川"之詩意。園主以"眉壽"自喻，顯示其強烈的家族長者意識。眉壽堂又號"談瀛軒"，系取李白"海客談瀛洲"之詩意。海客為浪跡海上之人，瀛洲是傳說中的東海仙山。《史記·封禪書》載："自威、宣、燕昭使人入海求蓬萊、方丈、瀛洲三神山者，其傳在渤海中，去人不遠。患且至則船風引而去。蓋嘗有至者，諸仙人及不死之藥皆在焉"。該景名表現了園主雖常年旅居海外，卻仍然念念不忘台海瀛洲之情。

眉壽堂外景

眉壽堂外門廊

眉壽堂雨霽天晴

眉壽堂（今觀復博物館正門）

眉壽堂室內古意盎然

眉壽堂與壬秋閣建築群俯瞰

眉壽堂夜景

先抑後揚的眉壽堂入口空間

華燈初上眉壽堂

3.2.12 頑石山房

　　頑石山房系園主林爾嘉的書齋兼休息處，是修身養性之所。園主借用"頑石點頭"之典故取名，勵志自勉，體現了讀書進取、追求知識的積極人生觀。頑石山房據全園地勢最高處，入口藏於山間，伴有飛流瀑布，景致甚為自然。書齋建築隱蔽於高大喬木之間，寧靜愜意，是爲避世之隔，亦為主人寫下《頑石山房筆記》提供了安靜的讀書思考之地。

綠樹掩映頑石山房

菽莊花園一百年

頑石山房正門景觀

頑石山房建筑

落水石磬

小亭洞天

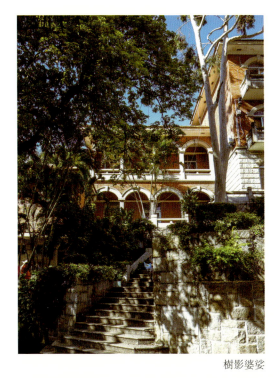
樹影婆娑

走廊拱門

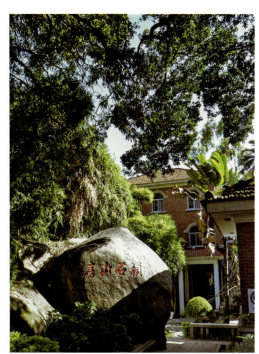
山房題字

門前瀑布

3.3 菽莊花園藝術特色

作為中國近代華僑園林的精典之作，菽莊花園具有鮮明的造園藝術特色，主要體現在四個方面：

①藏海補山，巧於借景；

②立意高遠，家國兼濟；

③私園佈局，公園空間；

④中西合璧，動靜互映。

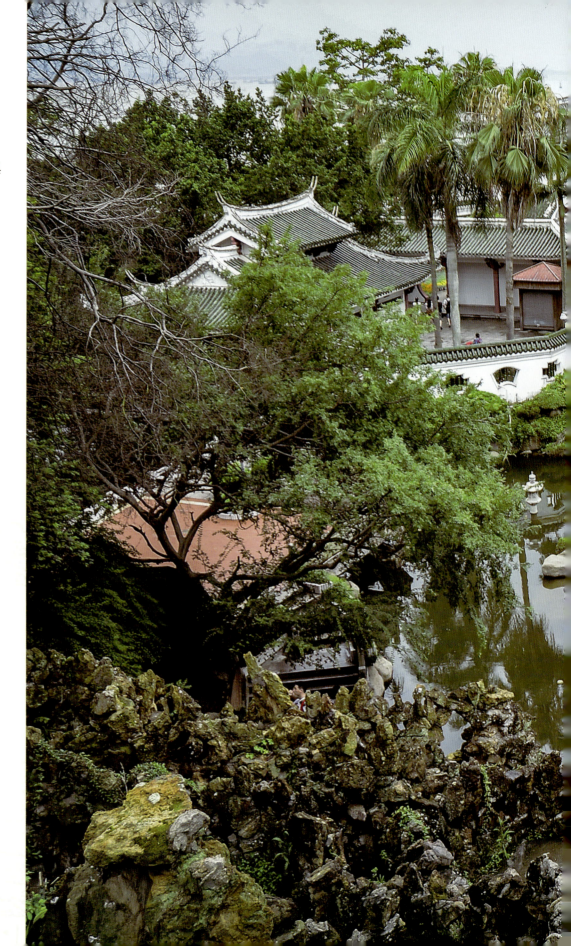

3.3.1 藏海補山，巧於借景

在菽莊花園營造中，園主對於海景的利用手法非常獨到，"藏海"的空間設計充滿序列感和趣味性：從花園入口處的不見海景，到轉過月洞門見海在遠處，接著踏上四十四橋海在腳下，行至長橋末端海在四周，然後回到山上離海而去。遊走其間，左顧右盼，遊人會被海的呼喚而逐漸帶入並沉醉於山海美景中而流連忘返。如果說板橋林家花園佈局緊湊精巧，遊園體驗是園林建築帶來高潮迭起的愉悅觀感，那麼菽莊花園便是豐富觀海體驗形成的平和深遠意境。

借景是中國傳統造園的獨特手法。所謂"借"，即借景、借声、借意、借影。"巧於借景"指的是園主林爾嘉把臨海的坡面、海灣裡的礁石、漲落的潮水、飛翔的白鷺等景觀要素都利用起來，圍地砌階，造橋建亭，聯以曲橋，勢如遊龍；使得原本比較狹小的海灣園址，因借四周自然美景構成涵納大海，視野寬闊，頗具層次的濱海花園。園主巧借日光岩為仰景，南太武山為遠景，借大海做中景，借樓閣做近景，構成了一幅幅美麗的畫卷。走在淩波臥海的四十四橋上，面對遼闊的海空，頓感花園空間之大。四十四橋上的渡月亭，是菽莊觀海賞景的最佳點，每逢中秋，夜深人靜，海浪輕搖，海天月色，令人陶醉！

菽莊花園一百年

靜觀動賞兩相宜

遠借晃岩近借海

3.3.2 立意高遠，家國兼濟

在中國傳統文化里，"國"與"家"是兩個緊密關聯的社會概念，也是志士仁人為之奮鬥的理想歸宿。園主取"菽莊"園名和"藏海補山"的造園立意，除了表達對園址場地的合理利用外，還蘊涵著更深刻的意義。

"菽"為五穀之一的豆類總稱，菽莊意為"豐茂富庶之家"。1895年，台灣首富的林氏家族遷居廈門鼓浪嶼後，林家一直熱心公益事業，希望能為山河破碎的祖國復興盡綿薄之力。園主林爾嘉于1905年任廈門保商局總辦、廈門總商會總理，他發起建設廈門的電話、電燈、自來水等公用事業，1914年任全國參議院候補議員，1915年任廈門市政會會長，對廈門的建設作出了許多的貢獻。

園主用"補山園"暗喻山河破碎的國家亟待修補，造"藏海園"和"談瀛軒"，期盼寶島早日光復、台海藏迴祖國。觀菊竹籬下，聽濤明月裡，胸中自有"天際鶴語，似帶商音"，"日光岩寂，水操台夷"⑦，憂國憂民之情躍然紙上！漫步林間，信步長橋，山岩洞府，峰迴路轉。從千波亭坐看海天，從十二洞天俯瞰花園，泛舟水面賞壬秋詩閣，他用詩詞題刻表達了對美好家園的一往情深。

園中還有一處不太引人注意的景致，就是林爾嘉將元配夫人龔雲環的衣冠塚設在面海的山坡上，看日出日落，聽大海濤聲，伴家園親人，永不寂寞。運用園林造景手法將私傢陰陽宅第作如此和諧的佈局安排，這在中國造園史上絕無僅有，意味深長。

注：
⑦ 林爾嘉撰：《壬戌（1922年）七月既望壬秋閣落成，是夕久雨初霽，與客泛舟鷺江，慨然作七律四首》之三。林爾嘉，沈驥編校：《林菽莊先生詩稿》，台北：龍文出版社，1992年3月重印初版，第10頁。

菽莊夫人安息亭

渡月亭框景

息亭內景

雲環夫人寢域

3.3.3 私園佈局，公園空間

菽莊花園雖為林氏傢族的私家產業，具有私傢花園的佈局內容；但它在營造之初就突破了中國傳統私家園林的形製，園景與設施配置基本達到城市公園的要求，從而具有公共遊憩活動空間的特點。此舉一方面是為適應菽莊吟社詩人筆友雅集聚會人數較多的活動需要，另一方面也是園主實踐其"與大眾同樂"的人生理想。據記載，民國年間花園在每年會定期向公眾開放，讓本島居民和外地遊客入園參觀。我們曾訪問過當年作為花園門童的梁先生，他說林爾嘉規定每年的正月初一至初三，菽莊花園向公眾免費開放，有許多學生和家長前來遊玩。

菽莊花園作為脫離了林氏府邸獨立設置的私園，設計時已相容了現代城市公園的功能。例如：十二洞天占滿半座山頭，假山洞府的構造尺度較大。四十四橋的橋面寬度比一般的私家園橋要寬，橋邊設有較高的護欄，便於人們舒適、安全地遊賞通行。為擴展花園的空間容量，園內主要遊覽路線設置均面向開闊的海景空間，各種亭、廊等園林建築的尺度，也比板橋林家花園等傳統私園裡的同類都略大一些。

菽莊花園的公共空間

占滿半山的十二洞天

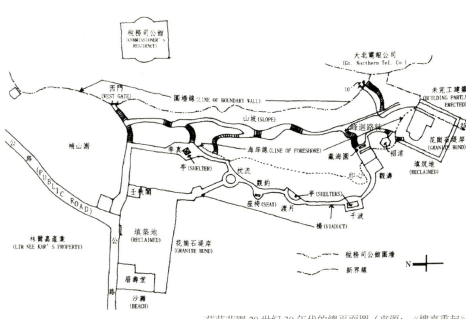

菽莊花園20世紀30年代的總平面圖（來源：《樓臺重起》）　　　　　　　　　　　　　　　　菽莊花園現在的景點佈局導遊圖

補山園的公共空間

3.3.4 中西合璧，動靜互映

菽莊花園產生於西方文化全面進入中國的近代時期，園主林爾嘉也是西式教育背景。因此，他主導建設的園林在造型藝術上具有明顯的中西合璧的風格。例如，在園林建築上採用西方建築的拱門、柱式和鋼筋混凝土結構形式，建築色彩較為明快；在花壇植栽中以規則式佈置等。尤為令人稱道的是园内亭閣形式多樣，无一雷同，有菱形、半月形、扇形、八邊形、梯形、五角形、三角形等，造型豐富，細部簡潔，可謂中西風格兼備。

菽莊花園总面積 20328 平方米，其中水域 3352 平方米，建築物 2451 平方米。以有限面積，造無限空間，以小見大，耐人寻味。本來花園庭院以靜觀為主，靜中生趣；卻有波濤拍岸、浪花飛濺、濤聲迴響之動景，形成靜中有動，動中有靜，動靜对比，相得益彰，珠聯璧合，妙趣橫生的景觀格局。遊園活動內容在設計時就考慮了動靜分區，互動性強。既有較為幽閉的讀書打坐、修身養性之所，可憑欄靜賞山海景觀；也有賞花吟詩、登山望遠、泛舟遊泳、休閒娛樂等豐富的動態遊園活動，空間開闊，生趣盎然。整座花園既有江南園林的秀美情調，又具閩台園林的亮麗風釆。

護欄光影

茆亭

十二洞天山亭

拱形圓柱的山亭

五角花架亭

十二洞天觀景台

第四章 菽莊花園的遺產價值

4.1 菽莊花園的文化意義

菽莊花園的營造，在中國近代園林史上是中西文化相結合與閩台文化相輝映的傑出範例。其勝於同時代私家園林的文化意義，主要體現在三個方面：造園背景的復合性、園景內容的公共性和藝術形式的獨特性。

4.1.1 造園背景的復合性

從林爾嘉撰寫的《菽莊園記》裡可以看出，因為"東望故園，輒縈夢寐"，所以"因其地勢，闢為小園"。林爾嘉懷念兒時成長的台灣板橋林家花園，是修建花園的前緣。然而懷舊終究只是個情節，是什麼能把懷想的情節化為造園行動的力量？據史料分析，其建園初衷應該是為菽莊吟社創造一個詩意的集會場所，為自己的精神世界尋找一處可以神遊寄託的山水空間。園內山水景觀有背倚青山、面對大海的浩瀚氣派，既有中國傳統園林相地佈局、崇尚風水的生活意識，又有簡潔西化的審美傾向，還有閩南建築的優雅造型。中西文化與閩台文化的結合，造就了菽莊花園獨一無二的藏海補山氣勢和清秀端莊的風韻。

林氏家族經歷了幾代的財富積累和文化沈澱，遷居廈門後開始不像板橋林家花園那樣表現出世俗、炫耀的家風，透過菽莊花園，園主林爾嘉表現出具有出世、內省的文化氣質，改善了林家"仕商一體"的社會地位，成為林家逐漸退出政治舞臺、步入文化領域的暗示。

十二洞天下的水池地勢較低，幾乎看不到大海，建築景牆阻隔遠景，只留水中倒影，盡顯傳統園林的靜謐詩意

十二洞天假山在中國近代園林中規模罕見。假山下是淡水內池，折橋蜿蜒水面，小亭點綴其中

4.1.2 園景內容的公共性

菽莊花園不僅作為林氏家族的私傢花園，更有半公共文化遊憩空間的性質。它的選址沒有緊鄰林傢鼓浪嶼的林氏府邸，而是在海濱沙灘邊的一個單獨地塊，很大程度上是為了菽莊吟社的公共聚會而修建的。當時園內舉行過各種文化活動，如征詩、壽慶及結婚紀念，還有"壽菊會"、"三九會"、"買詩店"、"七七消夏會"、"九九消寒會"等吟詠活動，日常的社課雅集、擊缽聯吟、疊韻唱和，更是數不勝數。從這些活動的規模可以看出，參與菽莊吟社創作活動的詩友吟侶數量、範圍、層次空前之廣。參與活動的名流表明，園主林爾嘉在晚清至民國期間大陸及和日本佔據下的台灣社會裡具有相當的影響力。菽莊花園蘊育出的文學作品主要有：《劍潭詩刊》[8]、《菽莊叢書》[9] 6 種、《菽莊叢刻》8 種等。

作為鼓浪嶼上半公共文化活動空間的菽莊花園，詩社聚會活動的影響甚至延及台灣。菽莊吟社共衍生出了六個文學社團：寄鴻吟社、碧山詞社、板橋吟會、東海鐘聲社、亦小壺天吟社及薇閣詩社。其中，除碧山詞社的活動地點在鼓浪嶼菽莊花園外，其餘五社都在台灣本島。亦小壺天吟社創立於"己醜花朝(1949年3月14日)"，為菽莊主人林爾嘉在台北稻江別業所設。社名"亦小壺天"，即懷念鼓浪嶼林氏府壺天園之意，成員有二三十人。[10]

菽莊花園的造園文化體現了愛國愛家情懷，絕不只是宅第後方悠遊享樂、獵奇玩賞之地。它表現了園主"關心家國，社稷興亡，指點江山，澄清天下之志"。[11]個人與家族的命運，從來就與國家的命運息息相關。林維源因日軍占領台灣而離開打拚多年的故鄉，而第二家園鼓浪嶼也成了西方列強的公共租界。

商界再成功的林家，也無法逆轉國破的頹勢。面對不得已的社會變動和人生跌宕，憤懣之餘，菽莊花園就成了林爾嘉先生捫胸抒情之地。"補山"即補山之勝，隱含山河破碎，亟待修補之意；"藏海"即藏海之寬，隱含把山河攬入祖國懷抱，不可任人欺凌之意。林爾嘉的造園主旨，飽含著他的一顆拳拳愛國之心。園中還有一勝景題名"小板橋"，寄託了園主對台北板橋故居和先人的深摯懷念[12]。

老照片：菽莊花園小板橋（今不存）

林家花園巧立於假山旁的"隱居橋"

注：
⑧ 爾嘉築菽莊花園於鼓浪嶼，中有劍潭，相傳為鄭成功磨劍之水，因以徵詩。

⑨ 林爾嘉所著《頑石山房筆記》。

⑩ 黃乃江. 獨自不忘風雅事，招邀名士過江來——菽莊吟社與日據台灣時期的兩岸詩壇[J]. 台灣研究集刊, 2010(4): 77-86.

⑪ 參考：陳煜. 林爾嘉與板橋林家的兩座花園[J]. 樓臺重起（下），2011.

⑫ 陳光從. 陳林望族，兩岸情緣[J]. 臺聲，2003(8): 40-42.

小板橋景點頗受大眾歡迎

雨中四十四橋

秋遊菽莊　　　　　　　　　　　　　　　　園內小憩

4.1.3 藝術形式的獨特性

　　菽莊花園的園林意境，體現了中國傳統的道傢文化。國破山河在，政治上的退隱觀雖不似文人士大夫那般強烈，但政治對社會的改變造成對經濟與家庭經營的影響，推動著林爾嘉的出世哲學，而經濟上的富足又是他的物質保證。林爾嘉說"名曰菽莊，以小字叔臧諧音也"，而"臧"字變成莊子的"莊"，絕非偶然，也不是諧音那麼簡單。除了園名中有莊子的莊字，在其他方面也有道傢文化的體現。

　　比如：園中的"海闊天空"石，體現了"天人合一"的老子思想，"真率亭"，體現了道家的率性之道。林爾嘉曾自言"平生偏愛菊，頗具淵明癖"，"壽菊賞花會"體現陶淵明般採菊東籬下的世外桃源氛圍，林爾嘉書"悠遊辭要職"，體現有出世的念頭，而園中最重要的遊線——四十四橋的"海上長橋遊"，與莊子的"逍遙遊"有著異曲同工之妙。

菽莊花園引水設閘，海水至此不再揚波。水面的近靜與遠動，材質的石堅與水柔，形成絕妙對比。主人在天地間詩意間追尋人生真理

菽莊花園入口今區額題字"菽莊"

真率亭位於全園構圖中心，左有海闊天空石，右有壬秋詩閣影，亭內小坐，借景感懷

伴潮漲潮退，看日昇日落

菽莊花園題字石刻，如點睛之筆，既點明景點功能，又題出小景詩意

菽莊花園是我國近代園林裡中西文化結合的典範之作。其成因，一方面是林家歷來禮待文人，精于詩書，有著良好的中國文化教育傳統。另一方面，長期著力於實業的林氏家族，當然也一直在向代表近代先進生產力文化的西方國家學習。作為萬國租界的鼓浪嶼，西風東漸已全面滲透到建築風格、生活方式及審美趣味等各個方面。

　　菽莊花園的選址佈局，受到西方人所喜愛的依山臨海建別墅的審美影響，突破了中國傳統園林的相地範疇。花園臨海而建，必然要體現海洋文化元素。園中建築的材料主要用能耐海風、海水侵蝕的水泥、石板，很少採用木料。建築取材因地製宜，外觀造型簡潔大氣，既有中式曲橋的造型，又不拘泥于傳統曲橋的形式。園中亭子平面靈巧多變，有不規則四邊形、三角形、半月形、扇形等多種設計。依山而建的菽莊花園因為地形和不同的功能空間，讓人步移景異，遊園視點靈活多變，空間體驗豐富。

　　菽莊花園的營造不是簡單地仿造自然，而是藝術地融合了自然要素於生活遊憩空間，在較小尺度的園地裡借日光岩、大海等遠景，小中見大，氣象萬千。它折射出園主林爾嘉內心崇尚自然的澎湃寫意，體現了他在中西文化影響下的創造性的藝術天分。這種身兼詩人、富商、園主、地方官員、社會名流多種身份的造園家及其代表作，在中國近代史上僅此一例。因此，其文化意義的珍貴性，自然不言而喻。

倚山看海、中西合璧的招涼亭

中式扇形門洞与西式拱形門洞和諧共存

造型簡潔的五角亭

真率亭中式風格的戧脊尾卷草

招涼亭的中式亭臺與西式拱門

渡月亭：用建築贊美自然

海水藏入園，盡得清漪

花園內可欣賞港仔後沙灘及島上遠景

花園雨後，可聞海水與青草的芬芳

水天一色,壬秋閣日景

如夢如幻，壬秋閣夜景

4.2 菽莊花園的遺產價值

1840～1949 年為中國近代史階段。此期中國園林發展的重要特點之一，是"西風東漸"造成的東西方園林文化交流速度加快，規模大，影響深，傳播廣。其主要趨勢之一，是造園內容從傳統住宅花園向近代城市公園形式與功能的轉變。在此進程中，位於中國沿海城市租界地內的造園活動，成為這場轉變的先導和示範。其中，鼓浪嶼菽莊花園就是重要的一個範例。

中國近代造園活動的"主事之人"已由古代的皇室權貴逐漸轉向民間富商，其中多數人有著西方教育背景，自覺或不自覺地模仿西方人的生活方式與審美愛好。由此導致"中西合璧"式園林作品大量產生，以華僑園林為典型。"中西合璧"的造園風格，成為中國近代沿海城市園林藝術形式的主旋律。

鼓浪嶼是一個典型表現19世紀中葉後中國近代公共租界建築與園林營造特色、中西文化融合薈萃、國際社區玲瓏精緻、風景名勝交相輝映的微型海島城市。鼓浪嶼的文化遺產核心價值體現在：它是西方文化最早傳入中國的登陸地和中轉站，東西方文化融合薈萃的精緻城市與國際社區，亞洲最富盛名、優雅浪漫的音樂之島、花園之島和藝術之島。鼓浪嶼菽莊花園作為中國近代特定時期、特定人物主導創作，具有特定功能的園林作品，已成為重要的國家文物和文化遺產。百年興衰的園史，見證其獨特的遺產價值，主要體現在以下三個方面：

- 真實性：中國近代仕商園林的活體標本；
- 唯一性：一主雙園隔海輝映的孤本範例；
- 典型性：藏海補山借景構園的藝術奇跡。

菽莊花園一百年

歷經百年滄桑，菽莊花園格局依然，詩意貌新。

4.2.1 真實性：中國近代仕商園林的活體標本

中國古代的私家園林營造，主要是為了滿足園主修身養性和生活享樂的需要，園景營造意境追求出世、超脫和完美，自得其樂，基本不考慮對公眾開放。如蘇州的拙政園、網師園和留園等，均為退休官史或權貴風花雪月、附庸風雅的隱居家園。

近代以後，東西方文化交流促成中國園林形式的轉變，在中國沿海城市出現了一批中西合璧式的仕商園林。儘管其營造主體仍為富貴人家，但有了一些新的特點：園林遊賞空間從私家庭院的較為封閉，轉變爲半公共園林的較為開敞；園內游憩內容趣於大眾化，出現了"詩社"之類的雅集活動；園林審美趣味從"官場失意、退隱林泉"演繹到"怡情修身、世事達觀"，形成與世俗生活若即若離的關係。鼓浪嶼菽莊花園，便是這一時期"文人園林"走向"市井園林"的活體標本，也是仕商園林文化的經典案例。

因此，如果說江南蘇州園林是中國文人園林藝術的典範；那麼，廈門菽莊花園就是中國近代仕商園林文化遺產的結晶。

宅園分離的菽莊花園，形成與世俗生活若即若離的關係

十二洞天，既是孩子們的遊樂場所，又是菽莊主人的"洞天福地"，體現"市井園林"精義

菽莊花園是中國近代仕商園林文化遺產的結晶

4.2.2 唯一性：一主雙園隔海輝映的孤本範例

菽莊花園的造園動機脫胎於台灣板橋花園，卻立意高遠，別有洞天，是近代百年來海峽兩岸民間文化交流孕育的唯一名園，同根、同脈、同理、同心。菽莊花園脫離了板橋林家花園"以物喻福"、讚美生活的一般境界，體現了更高的精神追求。林爾嘉從板橋花園庭院幽深的"留園文脈"中吸取了營養，在菽莊花園裡因地製宜地傳承創新，構築了"山海入園、詩意無限"的文化精品。

園名"菽莊"與主人名字"叔藏"諧音。林爾嘉在自己四十四歲之年造四十四橋，生前要求為自己豎立銅像，親自撰寫園記，四處懸掛自己的詩詞作品，從多方面表現"自我意識"。這種自我，林爾嘉在西方遊歷七年的經歷中探索過，在中國哲學中追尋過，最終在莊子的道家哲學中找到了答案。"海闊天空"是表達"天地與我並生，而萬物與我為一"的意境。菽莊的自然之美勝於匠作之美，便是莊子樸素世界觀的體現，表現為"樸素"的性格美。⑬

從世界造園藝術史的高度來考察，像板橋花園和菽莊花園這樣面世百年、"一主雙園、隔海輝映"的私家園林作品，迄今尚為孤本，堪稱範例。因此，它符合世界文化遺產評價標準中的唯一性原則。

注：
⑬ 徐復觀. 中國藝術精神[M]. 上海：華東師範大學出版社，2001.

林爾嘉銅像

菽莊與板橋：一主雙園，隔海相映

林家花園：長橋

菽莊花園：長橋

林家花園：
月波水榭的造型與平頂設計

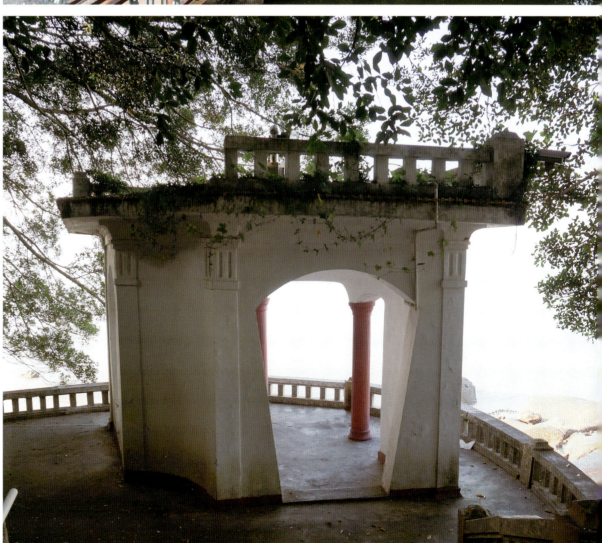

菽莊花園：
招涼亭的造型與平頂設計

林家花園：亭臺結合的多重空間體驗

菽莊花園：亭臺結合的多重空間體驗

林家花園：書屋與亭隔水相望的對景

菽莊花園：亭與詩閣隔水相望的對景

林家花園：長橋上的拱橋與端景

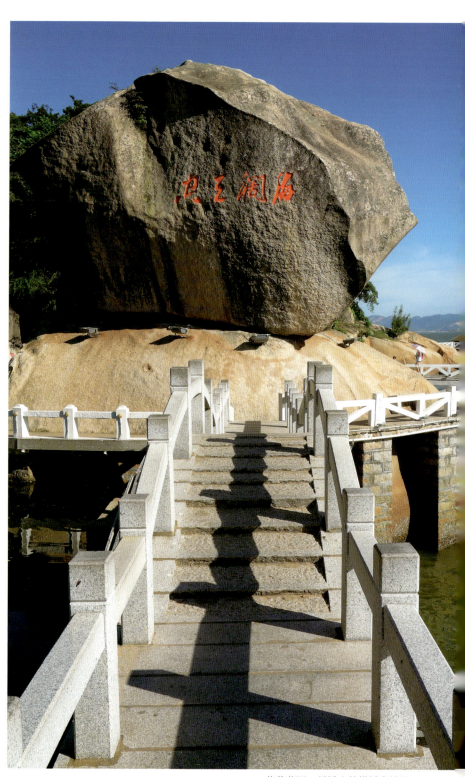

菽莊花園：長橋上的拱橋與端景

 林家花園：窄長橋與變形的四邊形斜亭

 菽莊花園：窄長橋與菱形的真率亭

林家花園：菱形的涼亭

林家花園：菱形的涼亭

林家花園：三角亭

菽莊花園：三角亭

185

林家花園：假山石拱形門洞

菽莊花園：假山石拱形門洞

林家花園：月洞門

菽莊花園：月洞門

林家花園：台灣特色的竹節花窗，柱為單數

菽莊花園：台灣特色的竹節花窗，柱為單數

林家花園：假山猴洞

菽莊花園：假山十二洞天

林家花園：假山迷宮小徑

菽莊花園：假山迷宮小徑

林家花園：塑石假山的處理手法

菽莊花園：四十四橋"題字處"上山小徑的處理手法

林家花園：紫藤花架廊

菽莊花園：紫藤花架廊

4.2.3 典型性：藏海補山 借景構園的藝術奇跡

中國造園藝術爲世界園林藝術體系中的三大源流之一，基本表現形式爲自然山水園。其中，皇家園林的基本造園思想爲"移天縮地在君懷"，力求將天下美景盡收一園，體現"普天之下莫非王土"的君權意識。蘇州園林的基本造園思想爲"世事皆濁我獨清"，力求超脫隱逸，模擬自然、心馳神遊，體現了東方文化的內聚內斂。而菽莊花園既不能仿皇家園林的"移天縮地"，也沒有學蘇州園林的"壺中天地"，而是獨闢蹊徑，通過藏海補山的手法，放懷天地、縱情大海，巧於因借，精在體宜，表現了西方文化的外向奔放情調。這種"藏海補山"的借景造園藝術，對於促進中國園林藝術適應現代社會的發展具有特殊的典型意義。

綜上所述，菽莊花園是中國近代園林史上"西風東漸"、"中西合璧"造園風格的代表之作，是中國沿海口岸城市利用海洋景觀與傳統園林文化巧妙融合的傳世之作，更是閩台園林文化交流的結晶之作，具備世界文化遺產所要求的真實性、典型性和唯一性文化景觀價值。

菽莊花園大門背面的"藏海"題匾

設閘引海入園中，借得碧波映云天

長橋藏海

浪激濤聲

菽莊花園西側的港仔後海灘泳場

空中看菽莊（本頁圖片由廈門麗圖航拍提供）

菽莊花園頑石山房側入口的南洋杉

从港仔後海灘望菽莊花園

傍晚時分的菽莊花園远景

後記

　　認識菽莊花園，是在40多年前的少年時代。當時正值"文革"動亂期間，學校停課，我隨母親從福州來廈門的親友家遊玩。他們帶我到鼓浪嶼的菽莊花園裡鑽猴洞、捉迷藏，在花園旁的海灘上玩沙、玩水和遊泳，縱情嬉戲。那時的我就覺得菽莊花園好美，好有趣！長大後，我常有機會來廈門，只要有空都會到菽莊花園來轉一圈。我喜愛藍天白雲下巍然屹立的"海闊天空"石，更欣賞月夜裡波光粼粼的海面上蜿蜒的四十四橋。不知不覺間，菽莊花園的美麗景觀在我心中留下了極其深刻的印象。

　　本書的寫作動機，源於今年春天鼓浪嶼風景區管委會領導邀請我和北京的一些專家到廈門商討鼓浪嶼文化遺產景觀如何傳承與提昇等問題。此後，鼓浪嶼遊覽區管理處具體委託華南農業大學開展了一項有關菽莊花園100周年文化遺產價值定位研究的課題。通過詳細的現場調研，我彷彿看到菽莊花園像一顆鑽石在浮塵中熠熠生輝，其豐富的文化遺產具有珍貴的研究價值。課題組師生們認真思考、實地踏勘及反覆推敲形成的研究成果，爲本書寫作提供了充實的基本內容。特別是在台灣專題考察期間與台灣同行專家學者的訪談交流，使我對菽莊花園的認知提昇到新的高度。

　　長期以來，國內外有關菽莊花園的研究，多側重於園主對所構園景的詩文描述和景物變遷的歷史考證，很少關注閩南與台灣園林營造的互動影響及其造園藝術風格的相關性。對於台灣林氏家族獨特的"一主雙園、隔海相映"造園史實，多流於一般的"姊妹園"介紹描述。其實，這恰恰是菽莊花園具有世界文化遺產的唯一性價值所在！從歷史上看，閩南與台灣之間關聯緊密，地緣相近、血緣相親、文緣相承、商緣相連、法緣相循。閩台園林的發展具有內在的同源性，不僅造園材料、工藝和技術基本一致，而且營造手法和藝術風格相當接近，獨樹一幟。菽莊花園所折射出的台北板橋林家花園造園藝術特色，說明兩者均為中國園林藝術的燦爛瑰寶，具有不可分割、不可替代、不可再生的文化遺產特性。擴

2013年9月李敏教授在台灣大學園藝與景觀學系講學時與台大教師及碩博研究生合影

大而論，基於古代閩越族人群生息地域而發展衍生的閩台園林，應作為中國園林藝術寶庫裡一個獨立的地方風格流派而與江南園林、嶺南園林齊名並存。在這方面，我認為學術界及有關部門有必要進一步作深入研究，爭取讓台海兩岸人民共同喜愛的國寶級閩台園林藝術珍品，早日攜手邁進世界文化遺產的輝煌殿堂。

值此書稿提交付印之際，我要衷心感謝廈門鼓浪嶼——萬石山風景名勝區管委會的曹放主任，是他獨到的藝術敏感和遠見，為我們提供了一次深入研究中國近代閩台園林藝術精品的機會。鑒於他對中國傳統文化的執著熱愛且書法造詣頗深，我請他題寫了書名以爲拙作增色。衷心感謝管委會的其他領導和有關同志為本課題研究提供了許多工作便利。同時，我特別要感謝台灣大學園藝暨景觀學系的凌德麟教授、林晏州教授，台灣朝陽科技大學設計學院的王小璘教授，台灣東海大學創意設計暨藝術學院的蔡淑美博士，台北板橋林家花園的吳柏勳園長、導覽志工李朝順先生和鄭勝吉先生等，你們的無私幫助使我更感到該項目具有不尋常的研究意義。感謝廈門文史、園林界諸多前輩、學長、專家和朋友爲我們提供了許多資料和建議。感謝與我共事的華南農業大學工作團隊，是大家的辛勤勞動和智慧付出成就了本書的最終成果。此外，我還要特別感謝中國建築工業出版社的領導和編輯部的大力支持，使本書的出版在短時間內得以實現。

僅以本書爲菽莊花園100年誕辰祝壽，同時紀念恩師汪菊淵院士誕辰100週年。汪老是中國古代園林史研究的泰斗，也是大陸與台灣園林學術界交流的先驅。與他同齡的菽莊花園裡曾留下過他的足跡。我將努力去完成先生未盡的心願，促進台海兩岸風景園林業界的交流合作更上一層樓！

二〇一三年十一月三日於廈門

作者簡介

李敏教授，福建莆田人，1985年和1996年畢業于北京林業大學園林學院和清華大學建築學院，曾先後師從國際著名學者汪菊淵院士、孟兆禎院士和吳良鏞院士做研究生，清華大學工學博士。現任全國高等學校風景園林學科專業指導委員會委員、華南農業大學風景園林與城市規劃系主任、熱帶園林研究中心主任，香港大學榮譽教授，重慶大學兼職教授，博士生導師；兼任中國風景園林學會理事，中國建築學會建築攝影分會副會長，廣東園林學會副秘書長，廣東省政府實施珠三角規劃綱要專家庫成員、廣州美術學院客座教授，《世界園林》期刊副總編等。

近20年來，李敏教授在國內外期刊和學術會議上發表論文100多篇，出版了《園林古韻》(國禮用書、中英文版)、《華夏園林意匠》、《神州瑰寶——世界遺產在中國》、《城市綠地系統規劃》、《深圳園林植物配置與造景特色》、《社區公園規劃設計與建設管理》、《大一山莊園林藝術》等專著20余部，所主持的項目成果多次獲國際、國內專業獎項。其中，1996年主持《桂林市城市總體規劃(修編)》"風景園林專項規劃"構思的"桂林市中心城區兩江四湖環城水系"項目、2001年主持的"福州市區閩江北岸江濱公園生態廊道"規劃項目，均獲"中國人居環境範例獎"。1998～1999年主要參與營造的'99昆明世界園藝博覽會"粵暉園"，獲室外庭園綜合競賽冠軍——最佳展出獎，并獲庭園設計大獎和施工金獎等。1999～2001年參與主持的"廣州城市環境綜合整治工程"項目，2001年代表廣州參與"國際花園城市"競賽評選獲勝，2002年榮獲"聯合國改善人居環境範例獎"。2003～2006年主持營造的湛江漁港公園，獲廣東省首屆嶺南特色園林設計銀獎。2007～2010年主持的"廣東龍川佗城歷史街區景觀保護與修復"項目，獲廣東省首屆嶺南特色規劃與建築設計評優銀獎。2009～2011年應澳門特區政府邀請主持的"澳門園林建設與綠地系統規劃研究"項目，榮獲第三屆澳門人文社會科學研究優秀成果一等獎。近年來，他指導的研究生榮穫了"園冶杯"風景園林國際競賽景觀設計組一等獎、規劃論文組一等獎，"艾景獎"國際景觀規劃設計大賽最高獎——設計傑出獎。